*Da
Dificuldade
de
Amar*

Tobias Brocher

# *Da Dificuldade de Amar*

*Tradução*
ZILDA HUTCHINSON SCHILD SILVA

**EDITORA PENSAMENTO**
São Paulo

Título do original:
*Von der Schwierigkeit zu Lieben*

Copyright © 1975 by Kreuz Verlag Stuttgart.
12ª edição revista, 1997.

Edição
1-2-3-4-5-6-7-8-9

Ano
98-99-00

Direitos de tradução para a língua portuguesa
adquiridos com exclusividade pela
EDITORA PENSAMENTO LTDA.
Rua Dr. Mário Vicente, 374 — 04270-000 — São Paulo, SP
Fone: 272-1399 — Fax: 272-4770
E-mail: pensamento@snet.com.br
http://www.pensamento-cultrix.com.br
que se reserva a propriedade literária desta tradução.

*Impresso em nossas oficinas gráficas.*

# Sumário

Introdução ............................................................................. 9

  Mais um Livro Sobre o Amor? .................................................. 9

1. Noções Prévias Sobre o Amor ............................................. 15
    Expectativas ...................................................................... 15
    Era uma Vez ..................................................................... 18
    O Banco de Memória ......................................................... 22
    Passos e Degraus .............................................................. 28
    Sinais às Margens do Caminho ........................................... 40
    Auto-Ilusões ..................................................................... 50

2. Tentativas Para Encurtar o Caminho .................................... 56
    Quedas ............................................................................ 56
    Papéis ............................................................................. 59
    Vazio ............................................................................... 61
    Barreiras .......................................................................... 63
    Fuga ................................................................................ 66
    Vingança ......................................................................... 68

3. A Criação de Defesas ......................................................... 71
    A Fortaleza Vazia .............................................................. 71
    Espiral de Neblina ............................................................ 72
    Cláusulas ......................................................................... 76
    O Mundo de Fígaro ........................................................... 78
    Mimos ............................................................................. 83
    Ícones ............................................................................. 85

4. Caminhos e Descaminhos ..................................................... 89
   Insegurança ............................................................................ 89
   Saudade ................................................................................. 93
   Contrato Psicológico ............................................................ 95
   Desenvolvimento .................................................................. 97
   Obstáculos ........................................................................... 100
   O Processo de Aprendizado .............................................. 102

5. Transformação Por Meio da Decisão ................................ 108
   Impulsos Primitivos ............................................................ 108
   Percepção da Realidade ..................................................... 112
   Crises da Meia-Idade .......................................................... 116
   Envelhecer Juntos ............................................................... 118
   Força Maior ......................................................................... 125

6. O Que Nós Não Dizemos .................................................... 133
   Consumismo ........................................................................ 133
   A Força da Ideologia .......................................................... 136
   Escravos das Máquinas ...................................................... 139
   Apóstolos do Amor ............................................................ 142
   A Ousadia de Amar ............................................................ 146

Posfácio ........................................................................................ 148

*Dedicado às minhas filhas
Stefanie-Christine e Corinna-Andrea*

— *Tobias Brocher*

Amar é tentar mudar a si mesmo e não aos outros. Não há outro modo de mudar o outro a não ser mudando a si mesmo. A queixa mais freqüente dos casais é esta: "Se ele/ela pudesse mudar!" Por fim, generalizando: "Se pudéssemos mudar os seres humanos!" Nós podemos!

# Introdução

O amor e a vida estão indissoluvelmente ligados. Nós definhamos e nos transformamos a cada momento. O amor, no entanto, é de todos os tempos. Ele transcende este trecho do caminho, transcende tempo e espaço, pertence a outra dimensão. Acaso será uma ilusão? Não, ele é o problema da nossa existência, ele decide a nossa vida, decide os nossos objetivos, diz para onde vai o nosso caminho. Acaso não é o amor que determina o que fazemos, por esperança ou por desiludido desespero?

## Mais um Livro Sobre o Amor?

Como se já não houvesse tanta coisa impressa sobre o assunto: sabedoria prudente e informação compreensível, dissertações científicas e pseudocientíficas, abstrações ininteligíveis, manuais de experimentação sexual e ameaçadoras "cercas de arame farpado" em nome da moralidade — tudo isso exposto lado a lado nas prateleiras. Será possível descrever o amor? Será que não é preciso senti-lo? Mas é justamente aí que está a dificuldade da nossa época: amor no meio de técnicas sexuais e hiperidealização do parceiro? Ambas as coisas ajudam a evitar o que seria decisivo: experiência e encontro.

O amor não cega a pessoa. Ele permite ver os próprios erros e fraquezas, bem como os dos outros. A paixão cega. A técnica sexual esconde e deforma o amor. O amor só possibilita a sexualidade na qual se encobre ou revela a autenticidade ou inautenticidade de um relacionamento. Hoje em dia, o sofrimento de muitas pessoas está no fato de acreditarem que se trata de amor quando se perdem num impulso sexual repentino e inconsciente, de cujo atordoamento as pessoas despertam sóbrias e desiludidas: de nenhum modo elas estão curadas de todas as necessidades, como acham os ativistas sexuais esclarecidos, porém mais necessitados ainda do que antes.

Como se diz: escreveu-se e falou-se demais sobre o amor; mas falou-se muito menos sobre a dificuldade de amar, que na maioria das vezes provém do prepotente desejo de ser amado, do medo de não obter amor suficiente e de sair de mãos abanando, de ser influenciado pelos perturbadores caminhos errados do amor.

Devo as linhas que seguem ao encontro com um autor desconhecido. Durante uma breve conferência como convidado da Louisiana State University, subitamente surgiu no final de um debate um jovem pálido, provavelmente um estudante; ele colocou timidamente uma folha de papel sobre a mesa em volta da qual estávamos reunidos, indicou-a para mim com um olhar e disse: "Talvez o senhor venha a precisar disto", e desapareceu. Nenhum dos presentes o conhecia. A tradução do texto original inglês é livre e foi adaptada para a nossa língua [o alemão]. Este texto mostra que o motivo principal para a dificuldade de amar de verdade está na impossibilidade e no medo do homem moderno de se aproximar efetivamente dos outros.

"Por favor, ouça o que eu não digo! Não se deixe enganar. Não se deixe iludir pela expressão do meu rosto. Pois eu uso mil máscaras — máscaras que tenho medo de tirar. E nenhuma delas sou eu. Fazer de conta é uma arte que se tornou a minha segunda natureza. Mas não se deixe enganar, pelo amor de Deus, não deixe que eu o faça de bobo.

"Dou a impressão de ser fácil de lidar, parece que está tudo bem comigo, por dentro e por fora, como se meu nome fosse Confiança e meu jogo a reserva; como se eu fosse uma água tranqüila e pudesse determinar tudo sem precisar de ninguém.

"Mas não acredite em mim, por favor, não acredite em mim! Por fora eu posso parecer confiante, mas se trata da minha máscara. Por baixo não existe nada que corresponda a essa confiança. Por baixo da máscara eu sou como realmente sou: confuso, amedrontado e só. Mas eu escondo isso. Não quero que ninguém perceba o que eu estou sentindo. Ao simples pensamento das minhas fraquezas fico em pânico e tenho medo de me expor aos outros. É exatamente por isso que procuro máscaras por trás das quais possa me esconder: uma fachada indiferente, inteligente, que me ajuda a fingir algo, que me deixe seguro diante do olhar conhecedor que me reconhecerá. Contudo, esse olhar seria justamente a minha salvação. E eu sei disso. Ah, se esse olhar significasse que sou aceito pelos outros com amor! Isso seria a única coisa que me daria a segurança que eu mesmo não posso me dar: a segurança de que de fato *tenho valor*.

"Mas eu não digo isso a você. Eu não ouso. Tenho medo de falar. Receio que o seu olhar não seja acompanhado por *aceitação* e *amor*. Temo que você faça pouco caso de mim e que se divirta às minhas custas — e o seu riso me mataria. Tenho medo de não ser nada no meu íntimo, de não ter valor, e receio que você perceba isso e me rejeite.

"Assim, faço o meu jogo, o meu jogo desesperado: uma aparência de segurança por fora e uma criança trêmula por dentro.

"Então fico tagarelando, superficialmente, como se quisesse vender alguma coisa. Falo sobre tudo o que não é verdade, e não lhe conto nada do que é real: não falo sobre o que grita dentro de mim; por isso mesmo, não se deixe enganar com o que lhe digo por questão de hábito.

"Por favor, ouça com atenção e tente 'ouvir' o que fica nas entrelinhas, o que eu *não* digo; ouça o que eu gostaria de dizer, o que eu digo por questão de sobrevivência e o que não consigo dizer.

"Detesto brincadeiras de esconde-esconde. Estou sendo honesto! Detesto esse jogo superficial que eu jogo. Este não é um jogo autêntico. Eu gostaria mesmo é de ser realmente honesto e espontâneo, ser eu mesmo simplesmente, mas você terá de me ajudar. Terá de me estender a mão, mesmo que isso pareça ser a última coisa que eu queira. Só você poderá tirar esse brilho vazio, morto, dos meus olhos. Só você poderá me chamar à vida. Sempre que você é carinhoso e amável e tenta me estimular, porque de fato se preocupa comigo, meu coração ganha asas — asas muito pequenas, muito quebradiças, mas mesmo assim, asas!

"Sua sensibilidade, sua solidariedade e a força da sua compreensão me insuflam vida. Eu quero que você saiba disso.

"Quero que saiba como você é importante para mim, como você consegue fazer de mim a pessoa que na verdade eu sou — quando você quer.

"Por favor, eu gostaria que você se dedicasse a isso. Só você é capaz de destruir o muro por trás do qual fico tremendo. Só você pode tirar a minha máscara. Só você pode me libertar do meu mundo de sombras feito de medo e de insegurança — tirando-me da solidão. Não deixe de reparar em mim. Por favor, por favor, não passe por cima de mim! Não será fácil para você. A constante convicção de não ter valor cria muros intransponíveis. Quanto mais você se aproxima de mim, tanto mais cego eu sou ao reagir. Eu me defendo contra aquilo que mais quero. Mas me disseram que o amor é mais forte do que qualquer muro de proteção: nisto está a minha esperança.

"Por favor, tente derrubar esses muros com mãos seguras, mas carinhosas: as crianças são muito sensíveis.

"Você deve estar se perguntando quem eu sou. Eu sou alguém que você conhece muito bem. Pois eu sou todas as pessoas que você encontra, sou cada homem e cada mulher que se aproximam de você."

Esta é uma chamada dirigida pessoalmente a cada leitor: onde você se encontra em tudo isso? Como vai a sua vida? Onde está o seu amor? E... o que é o seu amor?

Quem tem o direito de fazer essas perguntas? A pergunta sempre repetida, cheia de dúvidas: "Você me ama de verdade?" é tão difícil de responder porque nos pega desprevenidos, em meio da própria expectativa de sermos amados, que é muito maior. No entanto, a simples frase "eu amo você" não nos causa maiores dificuldades, ainda mais quando somos intimados a dizê-la. "Eu gosto de você" ou "eu lhe quero bem" soa mais moderno, mas também mais descompromissado, por certo menos "empolado" e dramático, embora o verdadeiro significado do amor para a geração dos nossos avós estivesse exatamente nessa dramaticidade. A precaução modernista da formulação, no entanto, contém a dúvida da durabilidade do amor. Como o amor poderia ser duradouro sem se modificar? Mesmo que eu gostasse de negar: amor e vida estão insoluvelmente ligados um ao outro. O caminho entre nascimento e morte é uma via de mão única. Nós definhamos e nos mudamos a cada momento. O amor, contudo, é de todos os tempos. Ele transcende esse percurso, transcende tempo e espaço e uma outra dimensão. Acaso será uma ilusão? Não: ele é o problema da nossa existência; ele decide a nossa vida, determina nossos objetivos, diz para onde nos leva o nosso caminho. Nossa vida muitas vezes pode nos parecer uma trama confusa de bem e mal. Seja ela como for, seria difícil encerrar essa vida com o sentimento de nunca ter sentido o amor no dar e no receber. Não é o amor que decide o que fazemos, seja por esperança, seja por desilusão e desespero?

O amor, como a vida, está sujeito às marés, e essa é a sua dificuldade. Ele não pode ser separado do que somos e do que vivemos. Mas será que podemos amar antes de termos compreendido quem somos e o que fazemos? O nosso eu se decide por essa pergunta. Por mais adultas que possam parecer nossas ações, seus motivos ocultos podem ser muito infantis. Ficamos decepcionados quando toda a correria, toda a pressa em meio ao trabalho feito por ambição, finalmente não nos levam ao desejado objetivo de nossos motivos infantis: sentir que somos protegidos e seguros, envoltos num amor perceptível.

De repente, vem a pergunta: Qual terá sido o sentido de tudo isso? Nós nos sentimos vazios, tristes e esgotados até a morte. Gritamos essa pergunta para o mundo, como se esperássemos uma resposta, e depois ficamos com raiva ou decepcionados se não ouvimos logo a resposta. Ou nem sequer a ouvimos e entendemos, porque nossos ouvidos estão surdos e nossos olhos cegos pela unilateralidade da nossa expectativa. Portanto, repetimos a pergunta e deixamos de perceber que não devemos perguntar, mas somos intimados a responder. A pergunta é dirigida a nós mesmos: "Adão, onde está você?" Temos de prestar contas de tudo o que fazemos, pensamos e sentimos.

# CAPÍTULO 1

# *Noções Prévias Sobre o Amor*

*Como é infinitamente difícil amar, amar de verdade, desviamos nosso olhar da realidade com uma porção de noções preconcebidas que, no fundo, nos impedem de amar. Está na hora de formular corretamente nossas idéias sobre o amor, como se estivéssemos em algum lugar do paraíso, onde não há conflitos, a fim de nos livrarmos das auto-ilusões que nos servem de pretexto.*

## *Expectativas*

O que esperamos do amor? De onde vêm todas essas idéias sobre felicidade e realização, que perseguimos? O sentimento de felicidade parece ser mais forte quando a realidade corresponde às nossas opiniões, fantasias, esperanças e desejos secretos, de uma forma como nunca havíamos de fato esperado. Mas de onde provêm essas idéias e expectativas? Das imagens e regras que aprendemos na cultura em que vivemos? Ou da propaganda das ofertas comerciais? Acontece antes o contrário: muitos anúncios e textos de propaganda se utilizam das bases psicológicas inconscientes que nós, sem nos lembrarmos inteiramente disso, conquistamos na primeira fase da infância. No entanto, com freqüência, surgem dúvidas sobre se o início da infância pode ter uma influência tão grande sobre os nossos futuros hábitos e expectativas de vida. O que o amor de um adulto tem a ver com a sua infância? Acaso essa conclusão retroativa não parece um exagero, levado longe demais?

Desde que encontramos testemunhos da vida conjunta dos seres humanos na história — e estamos sempre fazendo novas descobertas — o tema do amor pode ser retraçado como um dos mais importantes aspectos da vida das pessoas e das comunidades. É provável que o mundo não existisse mais não fosse pelo desenvolvimento que nos levou a proteger a vida humana. Não haveria reprodução da espécie se o amor biológico, o acasalamento, que depende da força do impulso sexual momentâneo e seu conseqüente desejo de satisfação, não fosse tão forte a ponto de o homem superar a maioria dos outros motivos de resistência e escrúpulos. Não é somente o indivíduo que se vê diante da opção de encontrar infelicidade ou realização no amor. Há muitos outros fatores na história da humanidade que ajudaram a definir o amor: motivos econômicos da sociedade agrícola, que precisava de mão de obra para sobreviver; o número e a força das hordas de caçadores e nômades, pelo mesmo motivo; finalmente, por sua vez, motivos justificados da sociedade burguesa. Justamente pelo fato de o amor pessoal não ser o motivo determinante de uma união amorosa, surgiu o mito do amor romântico entre duas pessoas, o amor que superava todos os obstáculos e impedimentos sociais do seu ambiente. O assim chamado casamento por amor como parceria, no entanto, era a exceção à regra na longa história da humanidade até a época posterior à Primeira Guerra Mundial, porque antes dela não se dava ao indivíduo tanta importância e valor a ponto de o amor ser levado em conta como o único motivo para um casamento, sem entrar em conflito com outras idéias e planos da sociedade em que se vivia. Ao contrário, a regra geral era a de que o amor viria espontaneamente no caso de casamentos determinados pela geração mais velha, com uma determinada pessoa escolhida antes, por motivos de conveniência.

Portanto, fica mais difícil verificar com clareza quais os diversos sentimentos que são compreendidos de modo bastante indeterminado pela palavra amor: amor romântico entre dois jovens, amor sexual, amor paterno e filial, o altruísmo do amor pelo próximo, amor com tintas religiosas, amor por Deus e a esperança e a certeza de ser amado por Ele — tudo isso e muito mais se oculta por trás da palavra "amor" usada de forma tão aleatória. No conceito amor sempre estão implícitos simultaneamente a preocupação, a solicitude, o sustento garantido, o reconhecimento, a paciência para tentativas e erros, a disposição de perdoar, a capacidade de mudar constantemente, inclusive para desenvolver-se e amadurecer, mas também a possibilidade de cometer loucuras por amor, a servidão, o abuso devido ao desequilíbrio significativo entre os amantes em questão, e muitos outros mal-entendidos dos quais ainda falaremos neste livro.

Por certo seria errado e inadequado, para o significado da capacidade humana de amar, entender a sexualidade como amor. Ao contrário, nossa idéia sobre a sexualidade seria estreita demais se nós a limitássemos ao ato sexual, pois há muito mais aspectos "sexuais" na nossa vida do que aceitamos numa contemplação ingênua, sem que essa percepção imprescindivelmente nos leve a nos aliar aos pressupostos de um pansexualismo generalizado. Nem "tudo" pode ser esclarecido por motivos sexuais no amor, e por certo o amor não se esgota na sexualidade — um erro fatal dos propagandistas modernos do sexo, que leva cada vez mais à destruição dos relacionamentos humanos —, porém muitas coisas têm origem nas experiências que não vemos como sexuais, visto que eram igualmente "inocentes" enquanto não tínhamos consciência dos impulsos sexuais.

"O amor" neste e no próximo século será determinado por condições específicas, socioculturais e histórico-culturais do país ou da subcultura em que cresce cada indivíduo. Este segundo plano histórico tradicional, que determina amplamente os respectivos costumes e a moral, que ao mesmo tempo depende de fatores sociais, políticos e econômicos, influencia a série de atitudes no amor, e para estas não existe um catálogo predeterminado e duradouro de regras. No entanto, há determinadas convicções que têm de ser mantidas, pois delas pode depender o destino dos relacionamentos humanos, visto que a totalidade de uma sociedade aceitou essas convicções como base e defende sua disseminação. Além dessa base social-histórico-comunitária de cada cultura, existem as experiências individuais no âmbito da história de vida e dos sentimentos, das quais provém a capacidade de amar, bem como as dificuldades do amor.

A lei básica de Haeckel, numa linguagem dificilmente inteligível para os leigos (E. Haeckel: *Die Ontogenie ist die Abbreviatur der Phylogenie* [A Ontogenia é a abreviatura da Filogenia], diz nem mais nem menos que o desenvolvimento do indivíduo em todos os fatos reais repete o desenvolvimento da espécie, de forma abreviada. No início, essa afirmação tinha um sentido puramente científico. A partir das pesquisas da embriologia, tornou-se evidente que todos os estágios da criatura viva isolada, ou das formas bio-históricas intermediárias de outros tipos, que estão milhões de anos no passado, são repetidos nas fases de crescimento do embrião humano, antes que ele assuma a forma própria da espécie. Segundo os mais recentes resultados da pesquisa das partículas, temos de aceitar que isso também diz respeito ao desenvolvimento psicológico e social dos seres humanos em estágios posteriores da vida. De forma resumida, a história da primeira infância de cada indivíduo corre ao lado da história que vai do homem de Neandertal até o ser humano civilizado, inclusive no âmbito do desenvolvimento espiritual.

## *Era uma Vez*

Onde sentimos o amor pela primeira vez e de que maneira? O ditado popular "o amor passa pelo estômago", que muitas mulheres interpretam tão mal, a ponto de alimentarem seus homens até a morte sem terem consciência disso, tem um sentido totalmente diferente se percebermos que a primeira ajuda amorosa que experimentamos de fato tem relação com a experiência da alimentação, que nos permite adormecer outra vez, alimentados e satisfeitos. A constante repetição do círculo vicioso: fome-choro-alimento-calma-sono-fome é a primeira experiência do amor; dela depende a nossa confiança num mundo que nos protege e nos mantém vivos, mesmo antes de entendermos quem é a pessoa de que nos vem tudo isso. Essa experiência amorosa, e a confiança dela resultante, será mais fraca e suscetível de perturbações se não houve ou foi falha a certeza e a regularidade de uma satisfação — sejam quais forem os motivos.

Isso pode parecer estranho ao adulto comum. Mas o motivo pelo qual essa experiência calou fundo torna-se visível por exemplos simples: nunca ficamos tão aborrecidos como quando alguém nos tira a comida ou a bebida da boca, quando estamos famintos ou sedentos. A crescente compulsão por bebidas alcoólicas já bastaria para tornar visível o modo com que os adultos podem recair para essa "fase oral" da infância, porque subjetivamente sofrem com a sensação de estarem sendo prejudicados de alguma forma e não encontram outras formas de satisfação. Neste caso, a garrafa se equipara à "mamadeira", embora antes ela contivesse leite; agora contém cerveja ou cachaça (como uma prova da aparente força do adulto). Também a ênfase dada aos seios da mulher em propagandas comerciais pseudo-eróticas estimula muito mais o desejo infantil de buscar proteção nos seios da mãe, do que, como a propaganda pretende, estimular o apreço pela mulher como "objeto sexual". O grito pela mãe que se doa eternamente, e o medo constante de receber amor de menos são os principais motivos para o alcoolismo crônico; o alcoólico, além disso, tenta se destruir por vingança, porque não consegue desistir da ânsia infantil de conquistar um amor exclusivo, em vez de ele mesmo dar amor.

Todo ex-alcoólico sabe que é preciso demonstrar dedicação e atenção pelos outros caso se queira obter compreensão e amor. O álcool destrói imediatamente o amor e a união conjugal quando um ou ambos os parceiros acreditam que podem sustentar perenemente o desejo infantil de ser alimentado pelo outro, sem retribuir na mesma medida ou sem pagar por isso. Assim, o outro fica numa posição em que todas as experiências negativas e todas as expectativas de ser mimado por uma figura maternal lhe são "atribuídas". Embora os homens façam isso com mais freqüência, muitas mulheres também esperam que os homens adotem esse tipo de atitude de proteção maternal. No entanto, estragar alguém com mimos é o contrário de amá-lo; é muito mais uma perturbação ou obstáculo ao amor por suborno; e o nunca saciado desejo do alcoólico pelos mimos mostra, com toda a clareza, esse retrocesso às expectativas de receber amor na primeira infância.

Tudo isto está relacionado com o amor na medida em que nossas idéias sobre o paraíso muitas vezes continuam bastante infantis, assim como as fantasias sobre um "país dos sonhos", que corresponde à vida e às experiências do bebê e da criancinha com suas facilidades. A volta ao mundo infantil — água quentinha na banheira junto com cuidados e carícias recebidos passivamente — também é usada pela indústria da prostituição, que historicamente nada apresenta de novo. Na cultura grega e romana já existia uma tendência para formas de sentimentos e sensações carinhosamente passivas, bem como em alguns outros países, inclusive como uma "tradição amorosa" dentro e fora do casamento. Acaso será tão improvável a relação disto com as experiências infantis despreocupadas de felicidade? É claro que os banhos têm a finalidade prática de limpar a pele, mas é exatamente essa pele que é nosso primeiro e contínuo órgão de contato, antes e depois do nascimento, e é a pele que determina os limites entre dentro e fora do corpo. Onde estaria a ternura sem a sensibilidade da pele, que é capaz de despertar os outros sistemas orgânicos, as fantasias e os medos, apenas pela arte do toque?

Por troça, no final do último século o "amor *à la Meyer*" foi definido como um comportamento em que, também durante o intercurso sexual, não se tirava nenhuma peça de roupa e o contato se restringia aos órgãos sexuais. A história do contato da pele, no entanto, retrocede até as experiências prazerosas da primeira infância, em que (como num paraíso?) éramos cuidados e acariciados — caso uma mãe tivesse o sentimento natural para esse jogo. Portanto, não seria também natural esperar uma satisfação semelhante depois? O toque carinhoso e a ternura, percebidos através da pele, como um estimulante estágio anterior a um ato sexual? Isso parece ter-se modificado muito pouco na maior parte do mundo com o passar dos séculos, principalmente porque experiências antigas, inconscientes, estão armazenadas no banco de memória da inconsciência e despertam lembranças eróticas que pedem repetição, mesmo que o princípio da realidade estabeleça condições diferentes para adultos e para crianças "inocentes".

Nossas fantasias e anseios por um "mundo sadio" são fragmentos de experiências antigas de satisfação sensual no relacionamento com as pessoas que cuidavam de nós, que nos trataram com amor e nos proporcionaram prazer. "Gozo e amor", muitas vezes interligados, têm sua fonte mais profunda em lembranças vivas que quase se apagaram da memória mas estão vivas no inconsciente; essas lembranças abriam caminho para nossas sensações de prazer original. Numa época histórica em que, de maneira geral, há pouca disposição para comportamentos do tipo maternal, pode-se comprovar como as necessidades agressivas e perturbadoras de suportar a incapacidade e o fracasso, a falta de tolerância e a tendência a explosões sentimentais aumentam o terror e a violência. Contudo, essa disposição cada vez menor de aceitar comportamentos especificamente sexuais da nossa prole também depende de fatores coletivos que não pertencem ao âmbito da sexualidade, mas se baseiam na rejeição da mesma.

A maioria dos cientistas teria grande dificuldade para definir com perfeição o conceito "sexualidade", porque cada ciência pretende isolar um aspecto diferente do mesmo fenômeno. O etólogo (pesquisador do comportamento dos animais) falaria sobre os resultados das pesquisas de Harlow feitas com macacos. Os filhotes de macaco criados por uma mãe artificial (uma gaiola de arame com mamadeira e um modelo sem mamadeira mas com uma toalha macia para o macaquinho se encostar) perderam toda capacidade de estabelecer contato social e sexual com macaquinhos da mesma idade. Ou mencionaria o exemplo de Konrad Lorenz e seu ganso Martina, que aceitava Lorenz como uma "figura materna" porque ele foi o primeiro objeto que viu depois de romper e sair da casca do ovo. O endocrinologista (pesquisador de hormônios) mostraria uma diferença decisiva comparando-se com o animal, pois a sexualidade humana pode ser ativada por imagens de fantasia e imagens interiores; por outro lado, essas fantasias também podem ser provocadas pela aplicação artificial de uma elevada dose de hormônios sexuais.

De modo geral, dificilmente um teólogo moderno condenaria a sexualidade como pecado, porém é provável que estabelecesse certos limites quanto ao que é ou não permitido. O médico tem uma opinião totalmente diferente da do jurista sobre a sexualidade; este, por sua vez, tem um ponto de vista diferente do do poeta e do escritor — isso sem falar do rústico e inculto homem do campo, que tem dificuldade para entender o conteúdo da moderna aula de educação sexual que é ministrada aos filhos na escola, o que lhe causa inquietação. No idioma alemão, *Liebe* rima com *Triebe* [amor rima com instinto], mas também com *Hiebe* [pancadas]; com algum esforço também rima com *trübe, bliebe* [ficar confuso] e com muitas outras palavras, quando for necessário rimar a bem do estilo. Com uma tal diferença de pontos de vista sobre o assunto, na definição da "sexualidade" só o amor não rima com quase nada; é por isso que, durante a fase de crescimento, a pessoa tem de "criar suas próprias rimas para amor". Não cabe aqui falar sobre a dificuldade de entender as respostas e reações interiores por motivos psicológicos, pois o processo de crescimento ocorre de forma biologicamente autônoma, segundo um conceito de estruturação, que pode ser influenciado positiva ou negativamente pelas condições sociopsicológicas do meio ambiente; no entanto, em todos os casos leva ao amadurecimento sexual e ao crescimento físico dentro de períodos determináveis de tempo.

## O Banco de Memória

Uma vez que falamos anteriormente sobre os sentimentos de felicidade excepcionalmente intensos quando a realidade corresponde amplamente aos nossos desejos e fantasias, devemos acrescentar que esses desejos e fantasias provêm daquela parte do nosso banco interior da memória ao qual não temos acesso direto. Trata-se muito mais da volta de determinadas imagens de experiências — de uma "Gestalt", como há tempos definiu uma linha da psicologia (não se trata apenas da forma de uma pessoa, mas da forma de determinada experiência) — das quais se irradia uma inexplicável força de atração. O homem que prefere mulheres loiras de olhos amendoados escuros, mesmo sendo repetidamente traído por elas, bem como a mulher que prefere homens grandes, fortes e peludos com voz de baixo profundo, não sabem que se trata de uma fixação a uma forma de experiência anterior, cuja origem foi esquecida pela consciência. Essa forma determinada, significativa, de relacionamento, mas também uma forma bem diferente, muitas vezes negada por vários motivos, sempre torna a surgir, proveniente da parte inacessível do banco de memória. Os sentimentos e lembranças associados a experiências originais esquecidas quase sempre são ambivalentes. Enquanto a parte negativa dessas experiências fica reprimida, a parte positiva, idealizada, tenta assumir o primeiro plano. Ela se torna perceptível na forma de saudade ou desejo. O verdadeiro motivo interior por essa escolha preferencial — a "pré-ferência" — é a parte irresolvida, reprimida, desastrada da experiência de um relacionamento anterior. Por sua vez, trata-se apenas de parte da experiência, ou seja, do fragmento de lembrança que está ligado com fragmentos de outras experiências, com outras "formas"; o sentimento despertado por elas é excepcionalmente forte — por exemplo, uma saudade avassaladora, o desejo de apoio ou proteção; no entanto, ao mesmo tempo, o medo de se desiludir e de ser rejeitado.

O amor contém certas possibilidades básicas de experiências humanas. A mais importante é o sentimento de sermos tão aceitos quanto acreditamos ser. O outro tem de perceber e aceitar a nossa identidade, de que temos consciência como nossa auto-imagem. A outra parte, que nós mesmos não percebemos, terá de ficar de fora, de acordo com as possibilidades, porque essa parte nos parece estranha. Isso inclui ao mesmo tempo a esperança de que as fraquezas e falhas que possamos ter sejam aceitas carinhosamente e, assim, de não sermos rejeitados. A forma primordial dessa experiência também está ligada a um medo, que existia anteriormente, de não prestarem atenção em nós, de nos rejeitarem e de não recebermos amor. Esse temor será tanto maior quanto menor for o nosso sentimento de sermos dignos de amor. Quanto menos auto-estima, tanto maior o medo de continuar sem amor, sendo nós mesmos os nossos críticos mais severos. Esses medos, no entanto, provêm de uma experiência básica de nosso meio ambiente anterior. Difícil de entender, contudo, é o fato de nem sempre se tratar do mesmo comportamento do meio ambiente — ou seja, até que ponto de fato sofremos aceitação ou rejeição —, porém o resultado do nosso relacionamento interior com as pessoas mais importantes do nosso primeiro ambiente, na maioria das vezes, os pais. Muitas vezes existe a impressão subjetiva de não termos sido amados suficientemente, resultado de uma exigência errônea ou do próprio ressentimento contra os pais. Acontece que sempre queremos ser mais amados, isto é, queremos "ter" mais amor, e não estamos dispostos a amar, isto é, a dar amor. Para a criança, essa atitude não é incomum. O aprendizado do amor, contudo, exige que se entenda que se trata de dar e receber: isso é o que define os nossos relacionamentos.

Não é raro que as exigências exageradas de querer ser amado resultem de uma troca grosseira demais entre um corte precoce da "paradisíaca" relação a dois, um período de felicidade com uma mãe capaz de dar excesso de amor ao bebê, por estar feliz com sua condição materna, e a subseqüente fase de transição para a alimentação sólida e a formação dos hábitos de higiene, ligados a muitos conflitos e às primeiras lutas de poder e agressões entre a criança e os adultos.

Entretanto, também no amor, uma das possibilidades essenciais muitas vezes está ligada a motivos de falso orgulho, de obstinação infeliz e de perturbadoras fantasias de raiva, cuja origem está na quebra de confiança depois da fase paradisíaca, que nos parece tão estranha. Esta faz parte de uma das primeiras possibilidades de a criança negar simpatia e de não retribuir o amor, porque todos os seus desejos, naturalmente, não foram atendidos como antes e, ao mesmo tempo, ela tem de aprender coisas novas. A recaída em atitudes infantis de teimosia, exatamente no caso de pessoas que estão convencidas de amar uma à outra, deve-se ao fato de fazermos nossas primeiras experiências de independência (autonomia) quando nos tornamos independentes da pessoa que cuidava de nós. Isso acontece no longo processo de controle voluntário dos processos de excreção, bem como no aprendizado de andar e nos movimentarmos com segurança. Um bebê não tem preocupações, mas é totalmente dependente dos cuidados e da atenção do meio ambiente.

A criança que se liberta das fraldas sente certa perda de dedicação, que só pode ser compensada com o orgulho de se tornar cada vez mais independente e autônoma. Se essa autonomia tornar a ser limitada de outra maneira, a criança volta a recair na postura de teimosia quando ela se encontra na mesma situação diante do ser amado, ou seja, quando diminui a ilusão original e ela percebe mais uma vez que o outro, afinal, é diferente dela.

A advertência de Martin Luther King, que dizia "é preciso ouvir a voz do povo", logo é comprovada quando tomamos conhecimento das formas de expressão da assim chamada linguagem popular, em que os conhecimentos acadêmicos e as verdades pesquisadas aparecem muito tempo antes, de forma profana e em imagens idiomáticas grosseiras que, no entanto, correspondem à forma da experiência original. Assim, com muita freqüência, a teimosia está ligada ao uso agressivo da expressão "pouco estou ligando para essa...", algo semelhante à deturpação do texto de uma canção militar [alemã] que os soldados cantam: "...um monte para o teu amor..."

É disparatado acreditar que o homem "comum" — muitas vezes erroneamente desvalorizado como "inculto" em matéria de ciência técnica racional — não esteja na situação de expressar seus sentimentos de modo claro. Ao contrário, é exatamente no amor que as formas de relacionamento do "povo" são mais autênticas, diretas, mais francas e honestas, embora não correspondam de forma nenhuma ao vocabulário dos intelectuais, maníacos por educação sexual. Se, em última análise, a moral e as tradições do homem "comum" fossem mais usuais, eles teriam menos dificuldades para amar a vida, e escapariam ao perigo de morrer esmagados sob o excessivo peso do amor por si mesmos (narcisismo), que facilmente é atribuído aos outros graças ao desconhecimento da realidade. Justamente esse narcisismo é, contudo, um dos maiores obstáculos ao amor.

Resumindo tudo isso numa fórmula simples: todos nós temos duas possibilidades primordiais no que se refere ao mesmo assunto, excluindo-se a advertência cristã: "Ama teu próximo como a ti mesmo." No primeiro degrau da nossa capacidade de amar, desenvolvemos a aptidão (provavelmente inata) de nos voltarmos para tudo o que está fora de nós mesmos, ou seja, que fica além do limite da nossa pele; ou então, por outro lado, nos recolhemos em nós mesmos. O bebê que chupa o dedo supera a falta de prazer e da alimentação provinda do peito da mãe ou da mamadeira como símbolo da dedicação maternal, na medida em que providencia prazer através do "amor por si mesmo" — um retrocesso compreensível e passageiro. A criancinha defende e ama a boneca estragada e repelente, um urso de pelúcia cheio de buracos ou um pedaço de tecido macio como substitutos para uma mãe ausente (objeto transicional, Winnicott), como lembrança do seu amor. Não é verdade que muitas pessoas, também mais tarde na vida, principalmente depois da morte de um ser amado ou de uma separação, guardam um "objeto" que simboliza um período feliz do relacionamento encerrado? Muitos casamentos, principalmente o segundo ou o terceiro, fracassam ou dão certo porque é impossível ou, ao contrário, é possível pela primeira vez criar um tipo de estrutura relacional parecida com a ansiada forma de felicidade infantil.

Se todas as pessoas que se sentem atraídas uma pela outra em nome do amor observassem um pouco mais como é a estrutura do relacionamento no dia-a-dia de uma família — não importa seu modelo primordial do amor —, poderiam evitar muitas desilusões. Na maioria das vezes acontece o contrário, por imaginarmos que na nova vida com o parceiro "tudo será diferente", o que freqüentemente equivale à fugir do lar paterno.

O sucesso de um novo relacionamento depende sempre, por certo, da capacidade de transformação dos dois parceiros. É inteiramente possível começar uma vida totalmente nova quando se consegue evitar fazer comparações com formas de relacionamento originais, superando, pela visão esclarecida, a compulsão de repetir velhos comportamentos. A posição do indivíduo no conjunto dos irmãos leva a uma identificação unilateral positiva ou negativa (identificação positiva: tão bom quanto...; identificação negativa: não tão bom quanto...); ou determinadas vantagens na família, por exemplo, para meninas, podem contribuir para aumentar consideravelmente as dificuldades entre os parceiros.

Uma irmã mais velha num conjunto de quatro irmãos pode ter o hábito de tomar conta dos demais e de exercer um controle imperioso. Por um lado, isso pode reforçar suas tendências maternais; porém, por outro lado, pode levar um marido a resistir a ela, pois ele mesmo pode ter-se acostumado à posição de irmão mais velho, pode ter-se acostumado a "dominar". Os "caçulinhas" podem cair numa situação de competir por reconciliação e reconhecimento ao se casar. Uma irmã do meio, constantemente com ciúme dos sucessos e do charme da irmã mais velha e, simultaneamente, com inveja da dedicação maior da família à irmã mais nova, mal conseguirá suportar os sucessos de um marido e dificilmente conseguirá alegrar-se honestamente com esse sucesso, mas tentará demonstrar ininterruptamente, numa concorrência franca, que ela é sem dúvida a parte melhor da sociedade conjugal.

Naturalmente, isso "não tem" de acontecer quando ambos os parceiros estão cientes dos possíveis efeitos dessas constelações fraternais ou experiências originais, e decidem-se a não se emaranhar nas "malhas do destino" nem girar continuadamente num círculo vicioso. A tendência de ver a vida ao mesmo tempo como um "vidro de conservas", com o amor preservado como a "conserva", revela, na maioria das vezes, a fuga a uma necessária análise dos medos da infância cunhados por "predileções" e resistências. Os medos são adquiridos, não são inatos. Eles partem da condição básica que surge da dependência da criança.

Instruída pelo reconhecimento dos pais sobre seu direito pessoal e sobre o fato de ser única, a criança depara com uma exigência formal: "Você não será digna do meu amor e atenção se não...", "se não for ordeiro", "se me causar frustração", "se não me der alegrias", "se não for como eu quero que seja", "se não obtiver sempre bons resultados para seus esforços", "se não for sempre obediente e controlada" e assim por diante — o catálogo dessas formas de pressão pode ser ampliado indefinidamente. Essas formas de pressão serão tanto menos exigentes quanto mais os próprios pais tiverem sido vítimas dessas exigências para obter reconhecimento e amor; porém, isso pode continuar no casamento como desafio ou medo do desafio.

Desde o início, a possibilidade básica do amor é a experiência de dar e receber. O bebê de colo, predominantemente, recebe, mas dá, na verdade, algo em troca. Não só o seu primeiro sorriso, mas também a tranqüilidade, a satisfação e a saúde, sem grandes complicações de desenvolvimento ou trabalho extra durante as noites.

A criança pequena devolve o amor que recebe por meio da curiosidade, do interesse e das mil perguntas que, com demasiada freqüência, são recusadas como uma perturbação, sem que o carinhoso interesse da criança seja levado em conta. Encontrei mulheres casadas que faziam perguntas a seus maridos altamente instruídos com o mesmo interesse e incansável curiosidade sobre detalhes científicos, técnicos ou sociais; os maridos não compreendiam que essas "perguntas tolas" pudessem ser uma repetição do carinho da criança, que nesse caso é apenas traduzido para a linguagem adulta. A tonalidade emocional e o desejo por dedicação traduzem o mesmo processo. A maioria dos homens recai de preferência no papel dos próprios pais com a conclusão retroativa destituída de amor: "Você é boba demais para compreender isto", o que assegura às mulheres a pretensão de superioridade dos homens — como elas tiveram a oportunidade de viver na casa dos pais em outras épocas. O amor contido no interesse demonstrado por elas deixa de ser visto e é rejeitado.

## *Passos e Degraus*

Reconhecer corretamente o efeito recíproco entre dar e receber no amor, a partir das primeiras experiências, e a possibilidade de desenvolver capacidades nunca antes experimentadas, seria o pressuposto para o desenvolvimento da capacidade de amar. Deixar-se amar parece sempre ser a forma mais simples e segura, mas também a mais infantil, dos relacionamentos inter-humanos compreensíveis e significativos. Muitos casos modernos de amor se fundamentam num pseudo-amor ou numa paixão — mais exatamente, num contrato limitado de comprovação da necessidade do amor por si mesmo. Por sua vez, existe nisso a dificuldade de compreender a complexidade do acontecido, pois esse contrato limitado baseia-se num tipo de reciprocidade que deve comprovar a própria auto-imagem ideal.

Como exemplo, tomemos a fórmula "eu sou bonita", que uma criança admirada desenvolveu no decurso de vinte ou trinta anos como sua auto-imagem. O "contrato" com o parceiro terá o seguinte teor: você tem de comprovar a minha beleza, para que eu possa me espelhar em você. A infelicidade da bela criança consiste apenas no fato de poder haver uma concorrente que atrai mais atenção e admiração, ou o fato de a sua beleza desaparecer aos poucos. A probabilidade de se escolher um parceiro com um problema semelhante, mesmo que se trate de uma auto-estima de outro tipo, acontece devido à necessidade de encontrar comprovação para cada verdadeira manifestação do amor próprio do outro. É claro que também existem homens que compram mulheres bonitas como um objeto de arte, como expressão de posse e de *status*. O próprio conceito "objeto do desejo" estaria fora de lugar, pois a "peça de representação" adornada com jóias e coisas preciosas é mais um objeto da auto-estima, que ao mesmo tempo deve representar um símbolo da própria potência do homem que o possui, como se fosse uma tabuleta de propaganda. Como "sujeito", a parceira só entra no relacionamento quando, por sua vez, ela faz exigências que toquem esse homem de posses num ponto vulnerável, no seu orgulho pelo poder do dinheiro. Ambos, então, só começarão realmente a tomar conhecimento um do outro quando as exigências contratuais originais prescreverem, seja pelo fenecimento da beleza, seja pela crescente inteligência da parceira considerada burra por comodidade, seja pela diminuição do poder aquisitivo. Um relacionamento como esse tem pouco a ver com o "amor", pois ele surge com base num subdesenvolvimento do caráter; surge da exigência infantil de uma auto-estima confusa.

Todos nós corremos o risco de amar mais a nós mesmos do que aos outros. O egoísmo e o egocentrismo são fatos cotidianos, freqüentes. Quanto mais desenvolvidos, tanto maior a capacidade de deixar de prestar atenção ou de se interessar pelas outras pessoas. A falta de capacidade de perceber os outros leva a inevitáveis ilusões, porque deixamos de receber os sinais emitidos pela outra pessoa, sinais que permitiriam uma correção da auto-imagem deturpada. A capacidade de aprendizado, em geral, também diminui.

A fixação em determinadas atitudes leva ao conflito com o mundo exterior e com o desenrolar da própria vida.

Os macaquinhos de Harlow, prejudicados pela retirada precoce da mãe, não tinham condições de perceber ou de reagir aos sinais de alerta enviados pelos companheiros de espécie, quando os outros macacos ou eles mesmos corriam um perigo previsível (através das experiências). Este exemplo de comportamento animal não pode ser transferido diretamente para o comportamento humano. Seria um erro fatal presumir que uma pessoa estaria condenada à eterna incapacidade de amar só porque lhe faltaram a simpatia e atenção primordiais da parte de uma pessoa carinhosa que lhe prestasse cuidados. Por certo, sua vida será muito mais difícil do que a das outras pessoas que conhecem o meio ambiente e o significado de ter sentido um amor compreensivo e estimulante durante os primeiros anos do crescimento, o que facilita o desenvolvimento da capacidade de viver e de amar, bem como o desenvolvimento da inteligência. No entanto, no caso dos seres humanos, trata-se de circunstâncias diferentes das dos animais; por mais que os macaquinhos possam estar perto de nós quanto ao estágio biológico de desenvolvimento, a capacidade de aprendizado dos homens é maior e, especialmente nas outras fases de vida, o homem tem mais capacidade de desenvolvimento. Mesmo que alguns homens fracassem, ou que nos anos de maturidade não tenham nenhuma chance de ter novas experiências de aprendizado direto no âmbito dos sentimentos, por preconceitos sociais ou desatenção social, coisa que ou os torna doentes da alma ou os faz decidir-se por posturas anti-sociais de raiva e vingança, ainda assim existe a possibilidade de fazerem novas experiências e de passarem por uma mudança, por meio da educação, para o amor em fases mais tardias de vida.

Mas ainda hoje falta ao "educador" profissional, em virtude de sua formação errônea, a visão necessária e a disposição de ousar colocar-se como pessoa num relacionamento e de suportar a conseqüente recusa ou rejeição temporária do outro.

O conceito de "educação para o amor" pode causar espanto, mas seria totalmente errado aceitar que a capacidade de amar possa cair do céu, como no país dos sonhos, ou que possa ser uma circunstância feliz inata. Tudo ou quase tudo o que se passa nos primeiros anos de vida é como uma pré-escola do amor, e as experiências então feitas perpetuam-se durante a puberdade e a adolescência, com a necessidade de esforços consideravelmente maiores de aprendizado. *O amor se aprende, não nascemos sabendo amar.* Como esse processo de aprendizado é bastante trabalhoso, cheio de lacunas e muitas vezes associado a fracassos dolorosos, é muito difícil que as pessoas responsáveis por esse processo de aprendizado aprendam a amar.

Ao conceito de amor paterno muitas vezes associamos certa suavidade e bondade flexível ou, o que é muito pior, uma constante alternância entre mimos exagerados — por consciência pesada ou desatenção devidas à falta de interesse pelas bases do desenvolvimento de uma criança (o que acontece predominantemente com o pai) — e uma súbita dureza, que deve reparar os erros causados pelo excesso de mimos; isso continua até que o fiel da balança penda outra vez para o outro lado, ou seja, o dos mimos, para eliminar os sentimentos de culpa devido à dureza brutal e para subornar a criança. A primeira tarefa dos pais deveria ser aprender os passos de desenvolvimento que um filho tem de dar e a idade em que tem de chegar a cada degrau, para que possam amá-lo. Fiquei muito assustado ao comprovar, em minhas pesquisas, que quase sessenta por cento dos pais com que venho fazendo um trabalho prático de aconselhamento durante décadas não têm a menor idéia do que esperar de cada fase da vida durante os seis primeiros anos do seu filho; eles desconhecem os medos e desejos da criança e não sabem de que estímulos, empurrões e apoio ela necessita para aprender a ser sociável e desenvolver uma capacidade natural de amar.

A expressão "sociável" é usada aqui intencionalmente, pois marca a confirmação da educação visando o amor ao próximo. Com toda a gritaria pelas reformas da educação, infelizmente até agora falta a visão de que o mais importante elemento da educação para a vida é o desenvolvimento da capacidade de amar. Se examinarmos as tendências educativas do nosso mundo com mais atenção, veremos que desapareceram os traços de esforços sérios para alcançar este objetivo, bem como para desenvolver a capacidade de ter sentimentos.

Uma das experiências mais importantes dos primeiros anos de vida, e que representa um papel definitivo nos relacionamentos conjugais, é a capacidade independente de diferenciar entre o eu e o não-eu. Todo observador atento poderá comprovar que as crianças costumam falar de si mesmas na terceira pessoa, pelo seu nome, ou pelo apelido com que os outros a chamam. Essa dependência e identificação da criança com seu meio muitas vezes ocasiona depois a repetição, entre os amantes, dessa linguagem tatibitate infantil na forma da terceira pessoa, quando falam sobre si mesmos ou sobre o outro. A partir de uma certa idade, a criança diz "eu", o que sempre indica que ela desistirá de uma parte de sua dependência em favor da própria afirmação. Em muitos círculos da nobreza ainda é costume, atualmente, usar o tratamento na terceira pessoa para crianças crescidas, irmãos mais novos ou parentes. "Ele (ela)..."; talvez por isso se use na língua alemã o gênero neutro para indicar *a* criança como um "objeto". O segundo plano cultural-histórico-feudal esclarece apenas a posição social indefinida da criança, sem direito próprio, visto que o tratamento na terceira pessoa (do singular) era usado costumeiramente até 1914 para designar subalternos; a terceira pessoa do plural talvez em parte tenha sido usada até a Segunda Guerra Mundial para falar com pessoas mais velhas ou empregadores e superiores hierárquicos.

Quem observar e ouvir as crianças brincando — de preferência os próprios filhos — descobrirá duas coisas: poderá tomar conhecimento da indisposição, do aborrecimento e da raiva da criança no modo de lidar com os animais, bonecas e objetos que são considerados ameaçadores por ela, ao mesmo tempo que despertam nela anseios de saudade, proteção e amor, expressos na linguagem bonitinha, acariciante, infantil. Quem se der a esse trabalho também compreenderá que seu filho sente o amor dessa forma, junto com o medo de não ser amado e de ter de ficar só. Isso significa um progresso na "capacidade de aprendizado" dos pais, quando eles, ocasionalmente, puderem se prestar a um diálogo instrutivo no mesmo nível do da criança e expressarem os sentimentos. A criança, por brincadeira, pode dialogar com o "objeto do seu amor" — a boneca, o ursinho de pelúcia, a forma fantasiada —, ficando com um papel seguro de aprendizado, se o adulto também estiver disposto a trocar fantasias com a criança, perguntando como estão esses objetos e o que eles sentem. A introdução da realidade dos adultos e de seu mundo seria uma invasão e um sair-do-papel, o que obrigaria a criança a desistir do brinquedo. A realidade infantil não é menos significativa do que a dos adultos. Muitas vezes ocorre o contrário, surgindo comportamentos ditos irracionais de um parceiro contra o outro, motivados por sentimentos provenientes da infância que estavam guardados no banco de memória e que dali estão tendo um efeito poderoso.

Mas o que aprendemos? Quais são os passos e os degraus no mundo dos sentimentos? "Eu não gosto de você, você é uma criança muito má" é uma fórmula que ouvimos aplicada a nós mesmos, muitas vezes ligada com xingamentos dos quais no momento da raiva nem tínhamos consciência. Quando um garoto de quatro anos, sentado orgulhosamente ao lado do pai no carro, xinga os outros motoristas no trânsito com palavras de baixo calão e faz isso o tempo todo: "Mas que idiota... camelo... lanterninha", o pai, espantado, talvez grite desesperado: "Mas, filho!" A comprovação prática da mãe tranqüiliza o garoto espantado com a reação do pai, e torna o pai consciente, naquele momento, do que o filho aprendeu com ele por identificação.

No entanto, as crianças não aprendem apenas com as palavras, muito menos com os sermões que estejam em oposição às ações e reais comportamentos dos pais. É bastante lógico que, durante o desenvolvimento posterior, o filho, afinal, com consciência de pertencer ao mesmo sexo, se identifique com o pai e a filha com a mãe, adotando, portanto, também parte do comportamento de um dos cônjuges diante do outro sexo. O que poderíamos esperar a não ser isso? Que tipo de amor a criança aprende com essas observações? A desculpa esfarrapada "... ele é apenas (ou, pior ainda, 'não passa de') uma criança" deturpa inteiramente o dom de observação da criança, que sob outro aspecto seria bastante desejável. Mas essa identificação com o pai ou a mãe, por pertencer ao mesmo sexo, que representa um grande passo para a futura capacidade de amar, não acontece simplesmente sem perturbações, a ponto de não precisar de uma porção de ajudas decisivas.

As meninas têm mais dificuldade, pois a primeira pessoa de referência delas, da qual ela recebe e aprende amor, é a mãe. Com o precoce desligamento e o maior entendimento, os quais são impelidos e dirigidos pela mãe, elas não sofrem apenas a perda dessa proximidade e desse calor anteriores, mas têm de aprender ao mesmo tempo a se aproximar do pai, a princípio muito mais estranho e distante. Esse fato muitas vezes se junta ao sentimento de ter de conquistar simultaneamente o pai, agindo contra a mãe. Os homens com freqüência não entendem o ciúme das mulheres ou acham que é exagerado, sem considerar que toda menininha teve de passar muito antes pela fase da dúvida e da rivalidade com a mãe, o que lhe causou um sofrimento amargo. Por outro lado, a lealdade das mulheres entre si é desconsiderada e, ocasionalmente, abstraída academicamente até a noção do "modo dual de ser da mulher" — ou as suspeitas de tendências lésbicas latentes, num total desconhecimento da realidade —, quando há disposição à franqueza mútua, que provém justamente de experiências positivas em que a mãe explicou o pai-homem, aproximou-o da filha e serviu de intermediária sem exagerar no ciúme, mas também sem excluí-lo. Fatal nisso tudo é o fato de muitas mães nessa posição agirem por causa de lembranças inconscientes, porque a filha que está crescendo faz despertar seu problema irresolvido de amor que existiu no conflito entre pai e mãe em sua própria infância. Se ela colocar esse problema não-resolvido como um fardo adicional na mochila da criança, mais tarde a mulher que cresce com esse fardo terá uma série de problemas sentimentais e matrimoniais típicos, que parecem tão insolúveis às pessoas implicadas no processo. O resultado final acaba sendo a desistência do casamento e a solidão, apesar de muita tristeza e depressão, como uma aparente solução do conflito, visando evitar o sofrimento.

Essas tensões pessoais provenientes da infância, que prejudicam a vida cotidiana num relacionamento amoroso ou num casamento duradouro, motivam a pessoa a ter sempre novas percepções, reflexões e a criar mudanças inteligentes; mas isso lhes parece simplesmente trabalhoso demais num mundo de soluções rápidas com um mero apertar de botões em todos os âmbitos da vida (inclusive da sexualidade), visando um maior proveito. Elas desistem depressa demais e percebem ao mesmo tempo que cada tentativa de fugir dessa resolução necessária só leva a males maiores e mais dolorosos. A compulsão pelo sexo parece ser exatamente igual aos outros vícios, como o do alcoolismo e do uso de drogas. É muito óbvio o modo pelo qual essa tendência de fuga se transformou na atitude de grandes grupos de pessoas, influenciadas pela sugestão de tornar a vida mais fácil com meios técnicos, e achando que o amor é uma espécie de brincadeira infantil. Finalmente, os outros surgem como culpados: "Não há mais amor entre os homens!"

A transferência do amor da menina para o pai, como o representante de um possível parceiro futuro do outro sexo, está ligada a muitos tipos de medo. A maioria das mulheres não sabe que seus medos e fantasias sobre estupro, violência com defloração e muitos outros sentimentos de inferioridade provêm de duas fontes: embora se tenham esquecido disso, embora se tenha reprimido ou negado o fato, a maioria das crianças viram em alguma situação, por acaso, os órgãos sexuais dos pais ou de outros adultos. Nos garotos isto desperta a desesperada comparação de tamanho do órgão e aquela compulsão de virar adulto, e as bazófias, como compensação; nas meninas surgem com freqüência outras fantasias, exatamente o medo de serem feridas devido à grande diferença entre os sexos, uma vez que ambos os sexos alimentam todo tipo de fantasias "sangrentas" sobre o relacionamento sexual dos pais, cujo significado tem de ser aprendido primeiro. Esses conteúdos estão francamente esquecidos e mergulhados em "lacunas" da memória. No entanto, seus efeitos ainda se fazem sentir. O desejo e o interesse de muitas mulheres e jovens por terem relacionamento com homens mais velhos, que poderiam ser seus pais, comprova, ao contrário, a duração das fantasias incestuosas inconscientes da infância; ao mesmo tempo, na realidade apenas se quer provar que é possível superar o medo primordial. O verdadeiro motivo desses secretos desejos incestuosos, no entanto, na maioria das vezes é uma rivalidade oculta e negada com a mãe, revivida como a parceira do "pai" na figura da esposa, que fica em segundo plano. O homem mais velho, ou um homem que esteja envelhecendo, mesmo com classe, por sua vez muitas vezes está apenas semiconsciente de que está tentando fugir do medo de ficar velho. Para ele ainda está meio obscuro que parceira mais jovem — ela pode ser uma das amigas da filha ou uma "aluna" — representa para ele aquela mãe arquivada no banco da memória, com a aparência que devia ter quando ele tinha três a quatro anos de idade. Um determinado traço característico, a voz, uma expressão facial, o jeito de rir, de andar ou de falar — sempre existe um traço de caráter que motiva a atual fascinação do homem, levando-o a ter as mesmas fantasias incestuosas inconscientes da infância. O assim chamado "medo de ficar virgem", para ambos os sexos, faz com que os homens demonstrem mais facilmente a realidade; não se trata apenas do confronto com o envelhecimento, mas da reanimação de antigos desejos de amor infantis. Por certo, esses desejos de amor preencheram a fase da primeira experiência "sexual", ocasião em que, na verdade, o menino fracassou.

Muitas vezes, desconhecemos inteiramente o fato de as crianças originalmente tentarem resolver esse conflito com a realidade por meio da auto-satisfação sexual (masturbação), na medida em que criam passageiramente um mundo de fantasias que satisfazem o desejo infantil por amor, embora esse desejo esteja repleto de sexualidade. Essa transição — talvez comparável com o chupar do dedão depois do desmame, como compensação para a perda — possibilita o conhecimento da realidade. Essa criança não deve ser perturbada ou intimidada durante essa tentativa de resolver o conflito. Ela precisa é de muito mais dedicação e atenção para que possa alimentar os outros interesses que estimulam o amor, pois assim poderá suportar melhor a realidade: o outro desejado para a satisfação dos seus desejos de amor já tem um parceiro. Não sem amargas sensações de culpa, a criança deseja que esse outro parceiro "morra". Por outro lado, se questionarmos o que, de repente, leva um dos parceiros de uma relação a preferir a masturbação em vez do intercurso sexual normal com o parceiro, descobriremos as causas originais no reavivamento de antigas fantasias infantis, que vêm à tona ocasionalmente e continuam a dar trabalho até a adolescência; contudo, elas podem tornar a aparecer no caso de conflitos com o parceiro.

Seja como for, a fantasia, ou seja, as fantasias relacionadas com experiências amorosas e com a imaginação que leva à excitação sexual, desempenham um importante papel tanto na dificuldade de amar quanto na superação dessa deficiência. O certo é que à masturbação segue-se uma queda na auto-estima, ou seja, uma recaída na busca do eu-físico, porque, no momento do processo de crescimento, o adulto não dominou alguma etapa da expressão dos sentimentos. A definição irônica de um capitão de campo durante a Primeira Guerra Mundial, na fronteira da Galícia — "Agora já não sei mais se minha mulher é minha mão direita, ou se minha mão direita é minha mulher" (citado por Hirschfeld) —, demonstra a ligação que existe entre a fantasia de um antigo parceiro sexual de carne e osso e o onanismo compulsivo usado como válvula de escape (em presídios, na tripulação de navios, etc.).

Compreender essas tensões, que não são raras num relacionamento amoroso e levam ao afastamento do parceiro real para retroceder-se a um certo narcisismo (não necessariamente sexual), parece ser mais importante do que resolver-se num sentimento de culpa, rangendo os dentes e queixando-se de falta de desenvolvimento, isto é, de falta de análise, o que leva a pessoa a não conseguir esconder melhor os traços infantis do seu caráter.

Para o garoto, o desenvolvimento precoce neste ponto é mais fácil de controlar, na medida em que ele substitui a pessoa alvo dos seus desejos por outra do mesmo sexo. Nem por isso suas fantasias de posse e de amor diminuem, mas levam, graças à maior facilidade de excitação, às tentativas mais diretas de aproximação, mesmo que, do ponto de vista da criança, elas sejam totalmente "inocentes". Um garoto de três anos e meio, acostumado a ver a mãe loira nua embaixo do chuveiro, exclama ao ver os pêlos pubianos da tia, mais nova que a mãe, e morena, no banho: "Céus, você tem pêlos como os de um animal, como os de um gato!" As associações dos adultos são semelhantes: no francês, a expressão de duplo sentido *chat noir* ("gato preto"); no inglês, *pussy cat*. Será, então, que as crianças já sabem disso graças à carga genética, ou acontece o contrário: as impressões infantis cunham as experiências do mundo das imagens do cotidiano e da linguagem vulgar?

Nessa luta, muitas vezes dolorosamente ciumenta, pelo amor da mãe, o rival poderoso (gigantesco) é o pai — no caso de haver irmãos, conforme a posição na seqüência dos filhos, o irmão mais velho —, que é amado e, ao mesmo tempo, odiado. De início, também aqui é difícil compreender que uma dedicação exagerada ou uma submissão total ao pai levam facilmente a futuras dificuldades no amor (muitos pais, inconscientemente narcisistas, ficam orgulhosos dessa atitude dos filhos). Se o menino se sentir mais atraído pelo pai, considerando a mãe como rival — o mesmo vale para as meninas com relação à mãe —, ele corre o perigo de desejar substituir a mãe junto ao pai, inclusive eliminando-a como concorrente. A homossexualidade pode — não obrigatoriamente — ser a conseqüência, embora possa ser conjuntamente determinada por uma série de outros fatores, seja como for, devendo-se muito menos do que se supõe à predisposição ou aos fatores hormonais. De qualquer modo, o garoto poderá ter de superar o conflito gerado pela diferença de tamanho do seu membro, o que resultará em sentimento de impotência e de fracasso; na menina, surgirão fantasias assustadoras de destruição e de dilaceramento. Os pais não devem surpreender-se quando filhos de três a quatro anos aparecem correndo no meio da noite ou em outras ocasiões inoportunas no seu quarto, com a intenção de dormir no centro da cama entre os pais, ou criando determinadas condições por não poder dormir: dessa maneira, eles conseguem separar os pais um do outro. Na maioria das vezes, os temores noturnos, são um sinal evidente de que a fantasia da criança se ocupa vivamente com o que os pais fazem na cama. O mesmo também acontece, com freqüência, depois, quando um adulto tem medo de ficar temporariamente sozinho porque seu parceiro se ausentou: a pessoa não percebe que se trata de velhos medos e fantasias saídos diretamente do banco da memória. O mesmo vale para o chamado "medo de dormir em hotel".

Na raiva oculta do garoto pelo pai e no medo de dilaceramento da menina, portanto, existe a fantasia de que o pai "faz algo com a mãe". Essas fantasias não são nada raras. O pai de fato "faz" algo com a mãe, mas o significado amoroso do que faz fica oculto da criança, até que ela descubra os próprios impulsos sexuais e aprenda a sentir as primeiras possibilidades de fugir dos desejos frustrados de conseguir amor. Não é raro que os distúrbios do sono em adultos que estão vivendo uma relação nem sempre tenham origem no excesso de trabalho ou no "nervosismo", mas na reanimação inconsciente de fantasias, conflitos e desejos infantis. A idéia de que o parceiro possa estar dormindo com outra pessoa quando se ausenta tem origem na experiência infantil real: de forma dolorosa, o primeiro parceiro "afetivo" de fato está fazendo isso, mesmo que isso seja totalmente correto. Mas isso não elimina o sofrimento da criança, que se sente excluída. Todos os que gostam de cães sabem que o amigável cão doméstico não consegue viver sem o abraço dos donos quando estes saem, quando chegam e em outras ocasiões; enquanto isso, o cão também "quer ser acariciado"; ele anuncia sua presença por meio dos latidos que não cessam enquanto não lhe dão atenção. Por que as crianças seriam menos sensíveis em seus sentimentos? Acaso esses sentimentos mudam tanto assim durante a vida? Como diz a canção popular: *Jetzt gehn wir ans Brünnele*\*, "Vê-lo na companhia de outra pessoa, isso dói..."

O desenvolvimento da capacidade de amar tem um histórico anterior mais longo do que a maioria dos amantes pode imaginar. Mas como essa história anterior contém em primeiro lugar a experiência de obstáculos e de conflitos, provenientes do desejo de amar e de ser amado, a cautela, a segurança e a reflexão se desenvolvem na mesma medida que a impaciência, a desconsideração e a leviandade com que se quer atingir rapidamente o objetivo. O comportamento entre a força de realização da fantasia e a atenção

---

\* Agora vamos à fonte.

às possibilidades reais presentes determina a quantidade de felicidade. Uma expectativa grande demais limita as possibilidades de a pessoa ser feliz. A comparação da fantasia com a realidade, e o respeito pelos fatos relativos à própria verdade e à verdade do outro, aumentam a chance de sermos felizes, se reconhecermos a necessidade de mudança durante a jornada da nossa vida.

## *Sinais às Margens do Caminho*

O trecho de estrada que vai do nascimento até a morte é uma via de mão única. Podemos pensar nele retroativamente, e podemos chamar à memória quase todas as lembranças do passado, mas temos de viver e agir no trecho em que estamos. De cada atitude e decisão podem resultar acontecimentos posteriores. Quase como acontece num jogo de xadrês, o vigésimo lance pode ter conseqüências no quadragésimo quinto. Isso iremos compreender depois; mas na hora não o analisamos suficientemente. O futuro é como uma tela em branco: nela podemos projetar tudo o que quisermos, mas o que nos move só se torna visível quando se libera um novo trecho de estrada. No entanto, nós mesmos determinamos o nosso futuro muito mais do que gostamos de imaginar. Há uma série de semáforos às margens do caminho que nos mostram o que virá adiante. Muitos desses semáforos estão com a luz verde acesa, o que nos dá passagem livre; outros estão com a luz vermelha. Na verdade, nunca ninguém pensaria em subir ao semáforo para cobrir a luz vermelha com tinta verde para continuar despreocupadamente no caminho. Contudo, com freqüência, tentamos ultrapassar esses sinais de atenção e de pare na vida. A catástrofe é tão certa como seria com qualquer meio de transporte num caso como esse.

Outra imagem: há momentos em que, na pressa de receber alguns hóspedes, disfarçamos uma mancha inexplicável que surgiu na parede, ocultando-a com uma cortina ou colando um revestimento por cima. Não ocorreria a ninguém achar que essa mancha desapareceria para sempre com essa camuflagem, especialmente quando ela torna a aparecer, ainda maior, assim que os hóspedes se vão embora. Talvez seja desagradável, dispendioso e aborrecido procurar a causa dessa mancha, com o conseqüente conserto e substituição de parte do encanamento da casa. Mas no caso do risco de um enfarte, não hesitaríamos nem por um segundo em submeter-nos a uma cirurgia cardíaca para implante de um tubo de plástico, se isso nos salvasse a vida. No entanto, agimos de outra forma quando esses sinais aparecem no âmbito mais indeterminado da alma, onde as manchas não parecem ser tão visivelmente reconhecíveis.

Tudo o que se refere ao espírito é, ainda hoje, freqüentemente tratado segundo as velhas regras militares prussianas, que afirmam que só estamos verdadeiramente doentes quando carregamos a cabeça debaixo do braço. No entanto, quase todas as doenças começam silenciosamente, despercebidas, como indisposição, nervosismo, irritabilidade passageira, insônia, *stress*, mal-estar e sentimentos de infelicidade aos quais não prestamos maior atenção. Quando, há vinte anos, meu colega Hutschnecker divulgou em revistas alemãs uma série de artigos com o título "Sem Amor Você Fica Doente", a medicina ortodoxa desaprovou, afirmando que os artigos não eram sérios e buscavam o sensacionalismo. Ele descreveu os conflitos conjugais e amorosos, as tensões associadas a eles e seus efeitos em sintomas do corpo físico. Flanders Dunbar também escreveu um livro, *Tua Alma — Teu Corpo*, há mais de quarenta anos. Porém, de uma época muito anterior, por volta de 1870, nos vem a observação científica do médico inglês Beaumont, que descreveu a experiência de um caçador canadense que teve o estômago perfurado por um tiro. Apesar da falta de assistência médica, ele sobreviveu em pleno inverno, numa época em que não havia aviões nem carros no Canadá. No lugar da perfuração formou-se uma fístula que deixava ver parte da mucosa estomacal pelo lado de fora. O dr. Beaumont observou que a irrigação sangüínea dessa mucosa dependia dos sentimentos do caçador. Quando ele estava aborrecido e carrancudo ou excitado, a mucosa perdia a cor; quando, ao contrário, ele estava feliz e de bom humor, conversando com os amigos, ela ficava vermelha outra vez. Portanto, a visão do âmbito que atualmente denominamos de medicina psicossomática já existia há muito tempo. Entretanto, até hoje ainda se acha mais fácil considerar os fenômenos da doença como processos que aparecem no ser humano sem levar em conta os inter-relacionamentos com a pessoa, seu histórico pessoal e o tipo de experiências que teve na vida. Talvez tenhamos evoluído um pouco desde a época de Beaumont. Mesmo assim, o conhecimento e as idéias das épocas anteriores sempre acabam se perdendo sob o impacto dos mais recentes progressos.

Todos os ginecologistas e a maioria dos outros médicos sabe que determinados sintomas são, na verdade, distúrbios funcionais de determinados órgãos, mesmo que um exame clínico minucioso não revele a descoberta objetiva de uma doença. Mas, seja como for, esse exame se concentra principalmente nas funções físicas. Vejamos um sintoma, nada raro, que pode perturbar sensivelmente um relacionamento amoroso: a falta de sensações da mulher (frigidez). Um relacionamento íntimo é possível, só que a parceira não sente nada, não consegue excitar-se sexualmente e também não alcança o orgasmo (anorgasmia). Todos os exames clínicos resultam em nada. Naturalmente, nada de anormal é encontrado nos órgãos genitais. O tratamento com doses de hormônio aumenta o nervosismo, mas não leva a modificações do quadro. Sabemos, desde Freud, que a causa é de ordem emocional. Essa causa não é, como muitas vezes se imagina, uma rejeição inconsciente ao parceiro. Pelo contrário, esse sintoma não é "construído" de forma diferente de vários outros sintomas físicos de doenças de natureza psicossomática, e existem centenas de possibilidades. Esses sintomas são a solução inconsciente genial para um conflito aparentemente insolúvel, que é transferido para a função dos órgãos do corpo físico — nesse caso específico, para os órgãos sexuais da mulher. O conflito está entre o desejo e a proibição de satisfazê-lo. Se o desejo for satisfeito, haverá necessidade de uma constante compensação, visto que a forte proibição interior teria sido afetada. Se a regra da proibição for totalmente atendida, surgirá uma insuportável vida sem prazer, o que não a tornaria digna de ser vivida. Nesse caso, a proibição seria a seguinte: você não deve manter relações sexuais, pois isso significa a realização da sua fantasia de união sexual com seu amado pai. O correspondente desejo seria: eu quero poder sentir a sexualidade, mas minhas fantasias eróticas estão associadas à imagem do meu pai. Seja qual for o motivo da origem desse conflito, ele se relaciona com a rivalidade inconsciente com a mãe ou com a irmã, ou uma atitude inconsciente de sedução do pai — um conflito desses parece insolúvel enquanto a fantasia estiver "amarrada" a esse conteúdo naturalmente inconsciente e totalmente reprimido. O sintoma da frigidez sexual estabelece uma concessão, pois parte do desejo é satisfeita: a união íntima acontece e o ato sexual é permitido. Mas a mulher não deverá sentir prazer para que, simultaneamente, também a proibição seja respeitada. A cura só pode ocorrer se o conteúdo real "esquecido" do conflito, que está sob a superfície, for estimulado e tornado inteiramente consciente — no caso, o secreto significado incestuoso de qualquer união sexual com o parceiro. Comparado com muitos outros sinais, muito menos evidentes, este é um exemplo relativamente grosseiro e facilmente compreensível; seus inter-relacionamentos são tantas vezes descobertos e tornados conscientes nos tratamentos que quase poderíamos acreditar que esse sintoma não existe mais. Não obstante, ele é cada vez mais bem compreendido, assim como o correspondente sintoma masculino: impotência sexual com causas emocionais em homens jovens de saúde perfeita.

Como no caso de vários outros sintomas e distúrbios funcionais, isso parece ser motivado pelo segredo mantido em torno das causas psicossociais subjacentes. Completando as descobertas da psicologia profunda, nos dias de hoje não podemos mais aceitar que esses distúrbios de relacionamento sejam provocados unicamente pelas particularidades dos indivíduos. É claro que as influências de uma "socialização" desempenham um papel importante: o modo como a pessoa aprende a lidar com seus impulsos sexuais originais no seu meio ambiente, o modo como eles são contidos, impedidos de se concretizar, intimidados, estimulados e direcionados pela família, desviados ou encapsulados pela repressão, ou o fato de continuarem primitivos e subdesenvolvidos, estabelecerá, tanto antes como depois, um "perfil" que terá efeitos mais tarde, o que se pode ver no modo como a pessoa lida consigo mesma e com os parceiros na vida. A maioria dos erros com relação a si mesmo e com relação ao parceiro provêm dessas experiências: deixa-se de ver que ambos os parceiros vêm de mundos muito diferentes, de duas famílias diversas que lhes transmitiram experiências importantes e um tipo de comportamento totalmente diverso. Só uma visão de mundo infantil tornaria possível acreditar que a psicologia do parceiro deve ser sempre a mesma ou, ao menos, uma psicologia semelhante à nossa. Na maioria das vezes, acontece justamente o contrário: e é exatamente esse fato de o parceiro ser diferente que se torna um elemento perturbador no relacionamento, quando se acredita, desde o início, que é possível ignorá-lo.

Se nos perguntarmos, numa análise superficial, por que determinados parceiros se buscam e se encontram, o primeiro motivo que aparece é a busca de uma sintonia harmoniosa, estabelecida por determinados aspectos de semelhança ou similaridade de experiências. No entanto, em outros relacionamentos as pessoas buscam se completar por meio das diferenças existentes. Um exame mais detalhado, no entanto, revela que, na maioria dos casos, ambos os parceiros têm um problema inconsciente semelhante, ou seja, expectativas inconscientes provenientes de experiências psicossociais anteriores até então não-satisfeitas e resolvidas. Existe um ditado bastante irônico que diz: "A lua-de-mel acabou; agora temos de pensar no casamento." Ele contém algo de real e adverte contra a possibilidade de o casal se des-iludir. A "ilusão" antes existente, muitas vezes grandemente influenciada pelo impulso sexual, não permite que o casal veja a realidade; o amor, ao contrário do que diz o ditado "o amor é cego", permite que as pessoas enxerguem a realidade. Entretanto, as influências psicossociais não provêm única e exclusivamente da vida e das experiências de cada indivíduo. Por isso mesmo, seria um erro atribuir a somente uma das partes os distúrbios de relacionamento que surgem logo no início da vida conjugal como sinais de advertência. Em toda parceria, trata-se muito mais — também nos casos amorosos passageiros — de uma estrutura bem determinada de união, uma constelação como a dos planetas, em que ambos os parceiros transferem suas experiências e expectativas para o outro. As influências socioculturais, determinados padrões de valor, estereótipos sociais, inclusive condições econômicas e políticas passageiras, cunham essas experiências e expectativas, de forma tanto mais intensa quanto mais a formação histórica coletiva mostrar um aceleramento de mudanças, de decadência ou de retorno a valores anteriormente válidos. Por exemplo, o resultado de uma guerra encontrará no país "vitorioso" um tipo de sofrimento diferente daquele do país derrotado, o que de nenhuma forma deixa de exercer influência sobre o significado e o decurso das parcerias individuais. A não-importância da vida humana, o abuso dela para fins de destruição, violência e morte, e o impulso para atos agressivos e destrutivos têm um efeito duplo: por um lado, o aumento dos anseios de paz, harmonia, recolhimento, confiança e durabilidade em um relacionamento, bem como a idealização desse relacionamento a distância, em virtude da impossibilidade real de experiências durante os longos períodos de afastamento; por outro lado, no momento de uma decepção ou frustração passageira, devido a formas de comportamento e posicionamento do parceiro antes não percebidas, despertam impulsos violentos e medos que talvez tenham se manifestado antes da época da privação, e que são experimentados durante a violência da guerra e a perda de valores com ela associada. O comentário amargo de muitos veteranos depois de ambas as guerras mundiais: "Teria sido melhor que eu tivesse morrido no campo de batalha como os outros" pode ter sua contrapartida na fantasia secreta, do mesmo tipo, da esposa: "Como viúva, talvez eu tivesse uma chance maior de conseguir um homem mais fácil de lidar."

Na maioria das vezes, essas conversas interiores consigo mesmo ficam ocultas e, de forma nenhuma, as experiências perturbadoras da quebra de valores de uma guerra são absolutamente necessárias para chegarmos a esses pensamentos.

Mas a maioria das pessoas não tem consciência de que esses desejos secretos de morte — que não são raros e muitas vezes são mostrados por caricaturas de "humor negro" — têm uma história anterior muito mais antiga. Crianças pequenas, que têm a satisfação das inclinações sexuais impedida pelos pais ou que se sentem reprimidas, desejam que esses pais "desapareçam" sem saber que esse "desaparecimento" significa o mesmo que morte. Às vezes, quando um pouco maiores, essas crianças fantasiam ver seus pais à beira do próprio caixão com o sentimento consolador: "Nessa hora vocês vão perceber o que perderam, mas será tarde demais." Essas fantasias de vingança também ocorrem aos adultos desiludidos na forma de pensamentos sobre suicídio ou por meio de brigas entre parceiros. O suicídio, nesse caso, tem a finalidade de "atingir" o parceiro. O que não fica consciente é a origem infantil desses desejos destrutivos de pôr fim à vida.

Mas a maioria desses conteúdos inconscientes fica totalmente reprimida. Essas idéias não são excluídas pela consciência, pelo fato de a sua origem ser antiga demais. Ao contrário, a causa será atribuída ao comportamento do parceiro, sem que a pessoa perceba até que ponto este é levado a desempenhar o papel dos pais, o que enseja a repetição do problema que ainda não foi resolvido. Essa seria uma das explicações para o fato de defendermos obstinadamente certas preferências e de fazermos determinados préjulgamentos, exigindo que o nosso parceiro os atenda ou que os vejamos comprovados por ele. Então fica claro que, na maioria das vezes, ambos os parceiros levam o mesmo problema para o relacionamento; se tivessem consciência desse inter-relacionamento interior, poderiam trabalhar juntos para solucioná-lo. Com freqüência, o homem não percebe em que medida espera que a mulher satisfaça todos os desejos que a própria mãe se recusou a satisfazer ou atendeu por meio de mimos exagerados e contraproducentes. As mulheres também não têm consciência de que esperam que o parceiro seja a mãe "boazinha", porque, ao que parece, valorizam demais a verdadeira diferença entre os sexos, enquanto a alma delas espera que os homens satisfaçam aqueles desejos que a mãe deixou de satisfazer, de acordo com suas recordações subjetivas. Contudo, é como se cada um dos parceiros apresentasse inconscientemente ao outro uma caderneta de depósitos há muito desatualizada da infância, esperando que este pague o capital registrado ali, embora esse capital não exista mais. Se essa esperança vã e irreal não for atendida, o outro será considerado "mau", até que o sujeito entenda que o amor, e o contrato feito por amor, não implicam unicamente pegar e receber, mas também dar e renunciar. Naturalmente, no contexto do pensamento científico-econômico do materialismo, a pessoa que, em vez de recomendar um pedido de indenização pelos milhares de marcos perdidos, recomendasse doar voluntariamente o dobro dessa quantia aos outros, seria considerada maluca. No aprendizado do amor, esse seria, na verdade, o passo mais importante. O que ocorre é que, logo no início, não há compensação desse esforço por parte da outra pessoa, mas em nenhum caso se deve impor essa reciprocidade.

Poderíamos pensar então numa estrutura em que um dos parceiros entendesse esse inter-relacionamento e, por meio de uma mudança no próprio comportamento e ações, estimulasse um processo de transformação no outro; enquanto isso, devido às antigas pretensões de ser mimado, este aceitaria tudo o que lhe fosse dado como natural, sem demonstrar, por sua vez, a mínima disposição para dar algo em troca, ou até, ao contrário, tornando-se mais exigente. Um resultado como este mostra um claro sinal de advertência, que torna necessário o confronto em vez da consideração, na medida em que for para de fato haver amor. A missão do amor é fazer a pessoa enxergar, não, por certo, através de censuras ou queixas, mas por meio de um questionamento sobre a origem dessa estrutura de relacionamento. A capacidade de amar nunca se desenvolve sem que a pessoa veja os próprios erros de comportamento. O amor não se torna estável nem apresenta possibilidades de desenvolvimento por meio de uma divisão unilateral de encargos. Ao contrário, uma renúncia heróica, feita aparentemente por amor, fará a pessoa que dá e a pessoa que recebe caírem numa armadilha dupla, que se transformará num beco sem saída para a união conjugal, podendo esta até mesmo ser destruída. Ele ou ela correria o risco de, como parte doadora, não perceber em que medida se compraz no papel do parceiro aparentemente reprimido, como que sabendo que, no íntimo, é um ser humano melhor, por estar mais disposto ao sacrifício, vindo a triunfar de tal maneira que o parceiro só passa a ter importância como meio de comprovação dessa auto-estima. Numa união assim estruturada, o parceiro que recebe e permanece no erro de exigir mimos tem cortadas as suas possibilidades de desenvolvimento para um amadurecimento maior. Além disso, ele ainda corre um outro risco:

por ter suas pretensões exageradas atendidas pela outra parte sem reclamações, acaba considerando o parceiro como alguém especial, como que fosse um astro ou estrela de cinema, passando a supervalorizar sua importância para a sua vida e as possibilidades que ele ou ela lhe oferece. Ele ou ela, por sua vez, corre o risco de fracassar, pois se comporta de forma dominadora por causa da sua mania de grandeza, o que o/a faz entrar em conflito com as outras pessoas.

Há muitas variações dessas dinâmicas de relacionamento, nas mais estranhas formas de sociedade conjugal. Analisaremos outros exemplos em relação a outros entrelaçamentos amorosos, para compreendermos até que ponto o objetivo original de uma parceria, que é aprender a amar aos poucos por meio dos erros, confusões e auto-ilusões, é obstinadamente evitado. Isto nunca acontece sem que se tenha de pagar um preço. A maioria dos sintomas de distúrbios sociais, de neuroses e de doenças psicossomáticas provêm da nossa recusa peremptória de passar por esse processo de aprendizado, por medo de perder o amor. O paradoxo está no fato de esses sintomas se tornarem mais fortes quanto mais se evita o amor ou quanto mais se foge dele. Embora as possibilidades de corrigir um erro estejam exatamente na convivência com o parceiro, muitas vezes desenvolve-se uma espécie de posição de tocaia à espreita de que o outro comece a mudar e acumule bastante provas de que está disposto a fazer essa mudança. Isso se parece com a brincadeira de crianças: *"Hannemann, geh du voran, du hat die dicksten Stiefel an"* [Siga o Chefe]. As condições sociais, os sistemas políticos e os padrões de valor são declarados bodes expiatórios, unicamente para justificar a fuga da confrontação que faria com que fosse necessário defender o próprio comportamento. Os pais, a escola, as igrejas e, finalmente, todas as profissões empenhadas em prestar ajuda ao próximo são vistos como suspeitos, são acusados e declarados culpados e, quando possível, ameaçados com perseguições e violências, a fim de evitar todo passo decisivo que, modificado até tornar-se irreconhecível, fosse origem de uma cultura que adotasse o mandamento do amor, o mandamento que fala sobre *aprender a amar*. Essas influências dificultam, sufocam e impedem a possibilidade de um processo de aprendizado. É claro que se fala muito sobre processos e objetivos de aprendizado, bem como de solidariedade; no entanto, a ação sempre começa onde o próximo se transforma na pedra-detoque para testar a legitimidade e a realidade do amor, ou seja, na intimidade.

Não é por acaso que tanto as doenças neuróticas e orgânicas quanto os distúrbios de relacionamento vêm aumentando, pois os padrões de valor sociocultural (ou pseudovalores) determinam na mesma medida o comportamento de grandes grupos. Desse comportamento concreto provém uma reestruturação retroativa que reforça a conclusão errônea das pessoas: "Eu seria tolo se não agisse como todo mundo; afinal, todos os outros agem dessa maneira." Quando a cobiça, o medo constante de receber amor de menos, começam a controlar o comportamento devido ao excesso de exigências provenientes de idéias ocultas de grandeza, o amor ao próximo fica cada vez mais reprimido, dando lugar ao amor por si mesmo, o que significa uma tentativa vã de encurtar o caminho para alcançar o amor. Quando esse atalho, de início confortável, acaba revelando-se um beco sem saída, a mão dupla para o necessário retorno parece trazer uma frustração adicional. A recusa obstinada em retroceder, bem como a obstinação de ficar na estrada, são fenômenos atuais. O que atualmente se vende, saqueia ou se usa mal como se fosse amor, contradiz seu objetivo numa tal medida como nunca se viu em outras épocas. Isso corresponde ao estágio do bebê de colo que, totalmente inocente, segue os impulsos incontroláveis, polimorfos e perversos dos sentidos, comuns à primeira fase de desenvolvimento. A correlação "polimorfo e perverso" é uma expressão profissional para definir as possibilidades ilimitadas e "inocentes" do lactente e da criança pequena de querer e de poder satisfazer, ativa e passivamente, seus impulsos sexuais (impulso de comer, de se sujar, de ver, de se exibir, de chorar, de ser mau, etc.) Se os adultos se entregarem a esses impulsos, o preço de forma nenhuma é apenas a crescente insatisfação da qual provêm sempre novas exigências, mas também um crescente sentimento de culpa, que provoca a violência para concretizar objetivos aparentemente racionais — nos casamentos, nas famílias, na sociedade e no país.

Em vez de aprender com a experiência dos outros e aceitar o desafio de tentar um novo rumo, muitas pessoas tendem a seguir falsos profetas. Então, na liberdade aparente de uma sexualidade comercializada, sentem-se por fim mais infelizes e presas do que estariam se respeitassem os supostos limites "repressivos" que lhes foram impostos antes, no controle dos impulsos instintivos durante o processo de aprendizado do amor. No entanto, não podemos afirmar categoricamente que a despersonalização de um determinado relacionamento — o abuso passageiro de um "corpo" que estivesse disposto a se entregar naquele momento — leve à suprema felicidade amorosa. Isso significa muito mais uma volta ao primitivismo nos relacionamentos, possivelmente como uma válvula de escape sexual visando a satisfação de uma necessidade de poder e de domínio. A sexualidade, e aliás também o amor, tornaram-se objetos de consumo, com a ajuda do qual uma pessoa pode possuir a outra. As fantasias relacionadas com o abuso sexual dão um testemunho extremo e claro da medida em que o perpetrador de um ato de estupro é um prisioneiro da própria fantasia sexual; na verdade, ele é obrigado a negar a existência real da sua vítima para poder manter viva a fantasia infantil original. Por certo consideramos esse ato como algo odioso. No entanto, costumamos nos aprofundar muito pouco na análise da freqüência com que a fantasia obscurece a existência de um parceiro real nos relacionamentos, no intuito de evitar tomar consciência da própria realidade. E isso não acontece sem deixar conseqüências.

## *Auto-Ilusões*

Uma pessoa que dá vazão aos seus impulsos obscuros sempre está consciente do caminho correto, diz Goethe no Fausto. Mas qual é o caminho correto? Mesmo nos dias de hoje, com toda a inversão de valores que existe, não se pode negar que o relacionamento heterossexual entre dois parceiros contém apenas uma conotação do amor romântico (seja como for, esse romantismo pode ser um obstáculo para o processo de aprendizado do amor), mas também, apesar da preocupação com o excesso de população no mundo, inclui a possibilidade de conceber outras vidas, possibilitando principalmente o desenvolvimento e o amadurecimento mútuos dentro do relacionamento.

A descoberta da prevenção da gravidez por meio de remédios que alteram o ciclo feminino mensal torna necessário que os parceiros assumam a responsabilidade pelas conseqüências emocionais desse processo, o que ainda não foi conseguido. Os efeitos colaterais dessa regulamentação artificial da vida da mulher não permitiram que o objetivo da suposta maior intensidade no relacionamento amoroso, e sua conseqüente possibilidade de amadurecimento, fosse concretizado. Essa descoberta, como tantas outras inovações técnicas, levou primeiro a uma espécie de experimentação infantil ingênua da sexualidade, com uma nova liberdade; esta, no entanto, demonstrou ser uma liberdade fictícia, visto que não mudou quase nada na necessidade de se obter uma responsabilidade maior. Ao contrário, essa pseudoliberdade leva às ilusões e, conseqüentemente, às desilusões, visto que nada tem a ver com o ato sexual. Dizendo-se isto drasticamente na linguagem vulgar: "Qualquer um pode transar" — mas isso não torna o homem diferente dos outros mamíferos quando se trata do impulso cíclico para o acasalamento. Contudo, do homem exige-se mais do que a capacidade de copular, ou seja, exige-se a capacidade de ser fiel, de se transformar e de tornar mútuo o desenvolvimento. Só se pode aprender isso quando cada pessoa ficar honestamente consciente da dificuldade de amar.

A divisão da vida numa série aleatória de episódios, escapadas e experiências de "amor" destrói a ligação entre a identidade histórica e a identidade real do indivíduo, tanto mais quando todas as experiências pessoais deixam apenas vestígios de tédio e de não-satisfação dos desejos, mesmo que se encontre alívio para a tensão nos impulsos sexuais momentâneos. A falta de uma outra pessoa significativa, a facilidade de trocar de parceiro como mero "objeto" do desejo, destrói simultaneamente a própria identidade, fragmentando-a numa série de auto-imagens isoladas que não podem mais ser relacionadas com as outras. Portanto, é altamente questionável se a "libertinagem" sexual, que nada tem que ver com o amor, contribui para a maior liberdade erótica ou torna maior a dificuldade para amar de verdade. Afinal, o "triunfo" da conquista sexual não passa de uma satisfação narcisista — em termos grosseiros, com freqüência não passa de uma masturbação fazendo uso de órgãos sexuais alheios — que não só deixa a pessoa existencialmente vazia como também dificulta a religação com a própria identidade e interrompe ou destrói o sentido da própria existência (*re-ligio*). Essa fome de sempre se testar outra vez, mesmo que seja em aventuras fictícias, indica um caminho de fuga, em que se evita a dificuldade da missão existencial de obter o controle e o conhecimento de si mesmo.

Na realidade, só se repete algo que se tornou uma idéia fixa. O aumento de vícios de todo tipo — de forma nenhuma somente as drogas e o álcool, mas também as perversões sexuais — indica que a responsabilidade pelo próprio processo de desenvolvimento é tão prejudicada quanto a responsabilidade pelo parceiro, "objeto de uso". A falta de disposição para amar, por medo das exigências do parceiro e das desilusões que daí podem advir, são a base de todos esses vícios. Por sua vez, não é a insuficiência humana e a tão mencionada frustração, porém a incapacidade de aceitar essa frustração que desperta a tendência para qualquer vício. A "fixação infantil", principal motivo das dificuldades no amor e no casamento, a recusa de superá-la percebendo e rejeitando a vida como um princípio necessário de desenvolvimento ocasionam a queda no vício coletivo; na pior das hipóteses, provocam a autodestruição como uma vingança contra um mundo que pretende imitar a força de um Criador, mas que, assim, deixa a pessoa muito mais desamparada na sua criatividade, caso em que ela se sente "impotente".

A influência do campo social com seu crescente aumento de informações, através das quais se alimenta a sensação de poder, visando atingir a semelhança divina, explosões atômicas, assassinatos de massa, a conquista da Lua e do Universo, concepção e procriação artificiais, transplante de órgãos, bem como o prolongamento da vida e outras descobertas, o sentimento de poder pessoal por meios psicológicos ainda não totalmente controlados no mundo da tecnologia, tudo isso nos dominou como um grande *happening* — criando reivindicações e expectativas em que as pessoas, sem levar em conta a realidade, se vêem como seres escolhidos e querem ser ainda mais poderosas que os outros. Essa contribuição para a intensificação da auto-estima como pretexto para auto-realizações narcisistas acaba gerando idéias, empreendimentos e atos de terrorismo insano, como um sintoma da socialização dominada por exigências instintivas. Tudo isto torna difícil para duas pessoas criar uma união sem ter uma orientação para a vida que, em última análise, terá de ser conjunta: dar uma resposta àquelas propostas de auto-realização com a própria vida, algo que não se pode conseguir com um mero aperto de um botão, com o aumento do volume do som ou com uma revolução armada que declare morte para todos os adversários.

Nós nos deixamos cegar pela plenitude de imagens nas quais o amor é cada vez mais destroçado, como acontece igualmente em vários quadros modernos que refletem esse processo interior. Somos seduzidos pela atração barata da acessível sexualidade industrializada, pelas fugas obtidas através do relaxamento provocado com massagens, que são mais confortáveis do que o amor, pelo poder e pelos sonhos de destruição, pela rivalidade, pela concorrência e pela luta mortal, considerados virtudes na sociedade industrial — só porque amar nos daria muito mais trabalho, e procuramos fugir do trabalho. Sabemos disso, mas quem deixaria de fugir, se todos estão fugindo ao mesmo tempo? No entanto, o medo subjacente transforma-se num sintoma no relacionamento conjugal.

Exatamente porque o relacionamento entre os pares imuniza contra a infecção e o pensamento de massa — coisa que Freud já havia mencionado —, ele é um perigoso foco de resistência contra todos os movimentos de massa que se servem consciente e objetivamente das necessidades instintivas do inconsciente coletivo, que procuram manipular. Muitos mitos e canções populares das mais diferentes culturas descrevem o amor intransponível e invencível do casal, um amor que transcende o tempo, o espaço e a morte, porque esse tipo de canção descreve a saudade da totalidade das pessoas que vivem nessa cultura em dado momento.

No sentido inverso, podemos deduzir qual a imagem ideal que se pretende alcançar e pela qual se luta analisando o que restou dessa mitologia em determinada cultura. Podemos verificar até que ponto floresceu a cultura do amor ou se ela foi relegada a um segundo plano em favor de tendências mais primitivas. Um sinal de muitos movimentos modernos é que eles não apresentam uma imagem real do futuro, nem os motivos sentimentais que levam um casal a ficar junto. Eles resistem à idéia de apresentar um único "herói" superidealizado, que, sem levar em conta seus verdadeiros motivos, torna-se um símbolo das regras que se desenvolverão em cada grupo, pois sua realidade ficará desfigurada pela idealização.

Como é imensuravelmente difícil amar de verdade, endurecemos nosso olhar para a realidade, com várias idéias que, no fundo, querem impedir o amor. O maior obstáculo é a superidealização do amor. É como se pretendêssemos fazer uma mágica que ao mesmo tempo aproximasse e impedisse o amor; é como se tentássemos nos consolar com o fato de que o amor é um objetivo que desejamos alcançar do fundo do coração, mas que duvidamos poder alcançar porque parece tão irreal.

Quando encontramos o amor na vida cotidiana, nós o renegamos, pois ele não só é bem real na vida do dia-a-dia como também pode ser vivido, na medida em que desistirmos de superidealizá-lo e dermos os primeiros passos para a sua concretização no aqui e agora. Nunca a tendência moderna para a "incredulidade" e a negação do amor foi expressa com tanta clareza como no *slogan* "Isso não pode ser verdade!" Depois deste, surgiu outro ditado usado em propaganda, cujo estímulo oculto para a insatisfação não é um mero acaso: "Melhor experimentar algo novo com freqüência!". Por fim, saiu-se vencedor o preceito: "Nada de experiências — segurança para todos" — afirmando que a atitude básica vital para todos não deve conter nenhuma ousadia, devendo todos esforçar-se e tentar fazer novas experiências. O *slogan* "Não existe branco mais branco!" contém um beco sem saída. Um mundo mecânico de produção só poderá reconhecer o amor como desempenho sexual ou artigo de consumo. E foi a isso que chegamos, e nem por isso o medo de perder o amor ficou menor. O que determina a cobiça é que os homens querem "ter", sem demonstrar e desenvolver a disposição de "dar". O fracasso dos relacionamentos a dois, por causa da dificuldade para amar, durará até levarmos em consideração que é da nossa própria e maior responsabilidade aprender a amar. Se não fizermos isso, nunca nos livraremos dos movimentos políticos nem das mudanças no sistema, do aumento do consumismo nem da diminuição dos vícios. Está na hora de enunciar nossos conceitos sobre o amor, como se ele fosse um lugar do paraíso supostamente livre de conflitos, e está na hora de nos libertarmos daquelas auto-ilusões que servem de motivo para as nossas "escapadelas".

CAPÍTULO 2

# *Tentativas Para Encurtar o Caminho*

*Uma minoria de pessoas alterou seu comportamento, tornando-se agressiva com o respectivo parceiro, com o suposto anonimato dentro do sistema ou consigo mesmas. Contudo, esse fato não deve fazer com que deixemos de tomar conhecimento de que existem milhões de pessoas da mesma geração afirmando o próprio futuro, apesar das dificuldades da época atual.*

## *Quedas*

O medo de não conseguir a quantidade suficiente de amor muitas vezes leva à tentativa de obtê-lo por caminhos que se baseiam em equívocos. Faz parte do repertório do medo dos homens adolescentes e jovens temer serem precocemente enredados, ficar presos num relacionamento amoroso ou cair numa armadilha da qual não consigam mais sair. As inúmeras piadas e anedotas de cunho sexual que fazem parte dos programas juvenis refletem o medo, por exemplo, do desastre que seria ter o falo preso na vagina da mulher devido a uma súbita contração (*penis captivus* através do vaginismo). Ao mesmo tempo, a obstinada transmissão oral desse mito enganoso de geração para geração revela um quadro real de medo subterrâneo dos homens diante do ato sexual. Apesar de todo esclarecimento e das experiências sexuais precoces da geração de jovens no "trem" da revolução sexual, essa fantasia de ficar presos numa armadilha vem se mantendo tenazmente, o que deve ser interpretado muito mais pelo significado psicológico do que pela realidade clínica desse sintoma, que nunca foi observado na vida real. Nesse contexto, também se torna visível o medo inconsciente que os homens têm de serem castrados pela mulher, um medo que, entre outros, pode ser causa de uma impotência determinada psiquicamente.

Esse medo inconsciente se intensificou a partir da crescente, embora ainda mal-entendida, emancipação feminina e igualdade de direitos da mulher, cuja maior atividade sexual aumentou sua tendência de seduzir e conquistar os homens. Os estereótipos sociais tradicionais determinaram, de modo unilateral, o desempenho dos papéis masculinos e femininos em várias sociedades. Predominava a suposição de que o homem ocupava a situação dominante, o que nunca foi exatamente verdadeiro, não importa o quanto essa posição fosse defendida e demonstrada na sociedade. Historicamente, tem significado o fato de o mundo cristão somente ter atribuído uma alma à mulher em meados do século XVI, depois do Concílio de Trento; antes, ela era considerada quase como um animal. Esse conceito, em correlação com a capacidade da mulher de dar à luz, provavelmente se conservou clandestinamente com grande tenacidade, porque a idéia de que as mulheres têm as mesmas capacidades e possibilidades dos homens em muitos âmbitos da vida significaria ter de admitir que representam uma concorrência ameaçadora. A tentativa moderna de usar a mulher como objeto sexual para fins de propaganda, reduzindo-a ao seu aspecto físico, serve ao mesmo objetivo, ou seja, desvalorizá-la como possível concorrente do homem, exibindo-a como se fosse "apenas uma bela mulher". As idéias disparatadas sobre o "sexo frágil" — que servem de tranqüilizante para o homem ameaçado na sua auto-segurança — e o pseudocavalheirismo usado como disfarce para o medo da concorrência são desmentidos há séculos, não só pela comprovada capacidade feminina de trabalho em "atividades masculinas", mas também, muito além disso, pela incapacidade de os homens darem à luz, sendo que muitos desmaiam ao observar um parto pela primeira vez. A hipótese contemporânea que atribui a "inveja do pênis" à mulher sempre teve sua contrapartida na "inveja da procriação" e da "gravidez" por parte do homem. Por outro lado, os numerosos exemplos de homens que tiveram obrigatoriamente de gerar um produto durante a gravidez da parceira, bem como outros fenômenos, são uma prova da identificação inconsciente do homem com o papel feminino (por exemplo, o aparecimento da "barriguinha"). A supervalorização do conceito "inveja", tal como está contido no jargão profissional "inveja do pênis" (Freud), caracteriza um mal-entendido muito comum, a saber, a confusão entre a sexualidade infantil e a sexualidade adulta.

Durante o ato sexual, ambos os órgãos de procriação se unem, de forma que sentir-se possuída e possuir se correspondem — sem que haja inveja! O medo de ter sido prejudicado representa um papel muito importante para o garoto, e também para muitos homens crescidos, sendo que as comparações quanto ao tamanho do órgão sexual masculino e o medo de ter um membro pequeno demais provêm da primeira visão que o menino teve da genitália masculina do adulto. Isso, na maioria das vezes, acontece numa fase em que o garoto ainda está num dilema desesperado entre a rivalidade com o pai e o simultâneo desejo de apoiar-se nele. Por certo, para a menina, graças às diferenças de anatomia, isso tem um significado inicial que, no entanto, só leva a um sentimento duradouro de perda ou à impressão de ter sofrido desvantagem quando falta o elemento decisivo oposto, ou seja, quando ela não tem reconhecidos seus primeiros esforços de conquista do pai e a comprovação da sua feminilidade através dele. Aqui podemos reconhecer os preconceitos historicamente condicionados, de cujas causas muitos pais nem chegam a ter consciência, e que ainda hoje dão grande significado ao nascimento do primeiro filho ou ao nascimento de um filho homem. É curioso que os resquícios do direito hereditário romano e da época feudal, em que havia "o continuador do nome", bem como as condições econômicas de uma sociedade agrícola, mantenham vivo até hoje o preconceito sobre a menor importância do nascimento de mulheres. A verdade é que ainda hoje, determinados pais se recusam a aceitar inteiramente o nascimento de uma filha quando sonhavam em ter um filho. Parece que os homens têm mais necessidade de ver comprovado o próprio sexo, o que não é uma indicação de que se sentem seguros. Existe uma hipótese psicológica não comprovada, porém muito interessante, de que a parte transitória ou permanentemente mais fraca numa parceria fortalece inconscientemente o próprio sexo, para depois contar com aliados — uma teoria que, se for acertada, pode acabar com o preconceito do domínio masculino.

## Papéis

Não obstante, as convicções sociais e as tradições condicionam um determinado tipo de comportamento no que se refere ao desempenho dos papéis naturais a cada sexo, o que pode dificultar consideravelmente o processo de aprendizado do amor. Também neste caso trata-se de tradições que voltam com grande regularidade nas aulas da escola, no lirismo clássico e nas regras que ainda se mantêm válidas, o que pode reforçar as convicções adquiridas por meio da observação do comportamento dos pais dentro da família. " Dentro da casa, a mulher é rainha — o homem tem de sair de casa e enfrentar a vida lá fora." O papel de único lutador e de provedor da família assumido pelo homem não se comprova na vida real, assim como também não se comprova o papel da mulher como guardiã do lar. A ênfase exagerada numa moral de classe média no século vitoriano e no tempo do corporativismo desfigurou de tal modo as realidades existentes que a idéia de que os três C's (cozinha, criados, crianças) são o "reino específico da mulher" ainda predomina atualmente, embora na grande massa da população trabalhadora há tempos ambos os parceiros trabalhem para sobreviver. Na alta burguesia e na nobreza, a criadagem substituiu os pais ausentes, executando as mais variadas funções. Também aqui, a imagem distorcida da mulher corresponde à imagem ideal criada pelo homem que, para deter seu domínio, por um lado estiliza exageradamente a mulher e, por outro, ao mesmo tempo a hostiliza como presa fácil. Este "complexo de madona e prostituta" é facilmente defendido pelos homens e caracteriza um processo de divisão: por um lado, a sexualidade é denegrida como um desejo instintivo sórdido e baixo e como bestialidade humana (também do ponto de vista das mulheres com formação puritana), ao passo que, simultaneamente, a parceira ("mulher nobre") é idealizada até a posição de quase santa, sendo um ser intocável que deve servir à procriação de uma "raça pura", e se apresenta de uma forma totalmente diferente na vida do homem. Ainda hoje é difícil imaginar o tipo de sociedade conjugal vitoriana, embora ela talvez retorne e continue viva no registro de pensamentos do nacional-socialismo. Em comparação com os cartazes do cinema moderno e com a literatura pornográfica, mencionamos à guisa de exemplo: até o final da Primeira Guerra Mundial, as mocinhas da "sociedade culta" não podiam pronunciar a palavra "perna", mesmo quando esta aparecia num texto literário. A palavra teria de ser substituída por um "hum" — isso sem falar das outras partes do corpo (donde vem a definição, "*die Unaussprechlichen*" [a indizível], quando se quer falar numa cueca). Dessa perspectiva limitada, com sua divisão entre a sexualidade e o amor, o resultado de épocas passadas foi basicamente influenciado pela moral estreita e rançosa das corporações de artesãos, cujos processos de seleção tiveram como conseqüência o despertar da hipersensibilidade da classe média, que fareja o pecado e a dissolução da moral por trás de toda infração das regras. Podemos encontrar traços semelhantes ainda hoje entre os moralistas e guardiães extremados das tradições.

Nossa compreensão da sociedade pluralista é vaga e obscura, mas traz como conseqüência que um grande número de preceitos morais contraditórios existam simultaneamente lado a lado, indo de ideais extremamente hedonistas, caracterizados pela justificação absoluta do prazer como objetivo de vida, e chegando até a mais absoluta castidade, sem que, no entanto, essa escala de valores tenha validade geral. A confusão aumenta ainda mais graças aos meios psicologicamente bem colocados e manipuláveis da propaganda do mercado, que determina a opinião pública e o comportamento no que diz respeito à sexualidade e ao amor, que podem até mesmo ser manipulados. O conceito de sorte e felicidade veiculado pela propaganda não raro é distorcido até o absurdo; ele desperta reivindicações conscientes que, como estímulo de compra, devem servir ao volume de vendas, aumentando-o e visando a maximização dos lucros. Em compensação, aqui a "realização" na maioria das vezes é determinada pelo poder aquisitivo, ao passo que o não poder ter algo faz com que a pessoa com menos recursos se contente com uma realização menos cara de seus desejos sexuais, que é oferecida como substituto para o amor.

## Vazio

Os impulsos imperceptíveis dos quais depende o consumo podem imiscuir-se num relacionamento amoroso a tal ponto que a capacidade da conquista material do "luxo" e dos bens de consumo se torna uma espécie de "prova de amor", da qual a dedicação e a estabilidade da parceria passa a depender. Ao mesmo tempo, desenrola-se uma espécie de jogo de poder invisível, cujo conteúdo se concentra em domínio (poder) e submissão. Muitas uniões recaem, dessa forma, num âmbito sadomasoquista, no qual se trata de definir quem é o mais forte, o dominador, e quem é o submisso. Um neodarwinista verá nesse processo o imutável princípio de seleção na luta entre os sexos. Quem, no entanto, é diretamente atingido provavelmente terá outra opinião e sentimento sobre ele.

Eis aí o marido de meia-idade depois de um casamento de muitos anos enredado em dúvidas sobre seu papel de provedor e principal ganhador do sustento. Depois de um início de carreira bem-sucedido e de rápida escalada, começa a se apresentar diante dele uma vasta planície em que não se pode ver novos picos de realização à distância. Ele começa a dividir sua vida entre um casamento com a esposa e uma espécie de casamento com a secretária. A comprovação estatística de que todo caso sexual no campo de trabalho não só leva a conflitos na vida pessoal, mas também a uma redução de sessenta por cento do interesse pelo trabalho, não impede que esses casos sejam efetivamente montados e que funcionem. Também o caso oposto não é raro. A mulher executiva que trabalha fora, e que se dedica inteiramente ao chefe em seu trabalho, percebe tarde demais em que medida ela constantemente compara o próprio marido com a figura, na maioria das vezes, superidealizada do colega de escritório, desvalorizando interiormente o esposo. Ambas as experiências podem levar a uma renovação do relacionamento conjugal existente, quando o processo é reconhecido e suas causas são entendidas. É característico da crise da meia-idade, que acontece entre os 35 e 45 anos, que os casamentos não possam mais ser mantidos na forma juvenil anterior. Eles precisam de uma transformação, de diálogos esclarecedores sobre as insatisfações, as falsas expectativas e a falta de amadurecimento, em que também o início do envelhecimento e as mudanças respectivas de posicionamento diante da vida têm de ser reconhecidos.

No entanto, no caso de um conflito matrimonial interior quase sempre existe uma terceira pessoa, que está à espera diante da cerca. A grama sempre parece mais verde do outro lado, as cerejas do pomar do vizinho são mais atraentes. O estímulo para a fuga representa a saída mais fácil, principalmente quando se acredita estar preso num beco sem saída com o próprio parceiro. A consciência das oportunidades e possibilidades perdidas, das quais antes não se tomava conhecimento, tem muito que ver com a aceitação da própria idade. Isso parece ser mais difícil para os homens, embora muito mais mulheres sejam suspeitas de ter esse conflito. A tudo isso acrescenta-se a insatisfação com a costumeira duração do casamento sem mudanças — em que nunca "acontece algo de novo". Também neste caso as influências sociais são de importância decisiva. Nem todo trabalho deixa um sentimento de realização sensual; ao contrário, ele pode ser executado de forma automática, com uma monotonia que ativa ainda mais a fantasia.

Então, como vivemos nós? Oito horas de sono consideradas ótimas, oito horas de trabalho, seja este qual for, oito horas de lazer. Mas o fator decisivo é o trabalho, a função, a tarefa, ou são os seres humanos com quem vivemos e trabalhamos? Também aqui surge uma determinada estrutura dinâmica de relacionamento empresarial no contexto do grupo de trabalho no escritório, que é determinada pelo lugar e o papel em que nós mesmos nos colocamos ou ao qual somos atraídos pelos outros. Neste caso, de forma nenhuma é unicamente o papel profissional e o desempenho obtido que importam, não importa o quanto gostássemos de nos apegar a isso, mas são as correlações humanas e sociais, em que podemos transmitir e trocar sentimentos, experiências, conflitos, preocupações ou alegrias; ou talvez acreditemos ter de calar sobre tudo isso. O sentimento de ser aceito, reconhecido como pessoa, e de poder pertencer ao grupo muitas vezes propicia uma compensação; ou a falta desse sentimento provoca um peso adicional à situação momentânea em que nos encontramos, no âmbito íntimo do casamento ou da amizade.

## *Barreiras*

Nós criamos limites invisíveis, que esperamos sejam respeitados; esses limites são mais objetivos nos relacionamentos do mundo de trabalho, mais tênues e subjetivos nas relações conjugais, mas também nelas eles existem, sem que jamais possam ser eliminados completamente. Sempre resta um âmbito interior. Só em circunstâncias extremas nós estaríamos dispostos a torná-lo acessível ao parceiro, também para o próximo, visto que nesse espaço interno mal ousamos encontrar a nós mesmos. Mas é exatamente esse limite que é a última barreira contra o amor, porque queremos nos conter, queremos preservar nossa intimidade. Quem não consegue se abrir tem dificuldades para amar. Deseja sustentar sua auto-imagem, que não tem nada que ver com a realidade pessoal, por medo de que, se essa imagem que criou for exposta ao outro, torne a pessoa indigna de amor. A solidão a dois baseia-se numa omissão como essa. Essa reserva é fundada no medo devido a necessidades não atendidas. A auto-imagem baseia-se numa longa e antiga história anterior, que imprimiu em nós uma marca: "Você não merece o meu amor, minha atenção e reconhecimento se você não..." O medo de perder o amor se não preenchermos determinadas condições provém de restos de uma dependência infantil que é usada por muitos pais de uma forma impensada e muitas vezes cruel, para propósitos egoístas de "formar pessoas segundo sua imagem". A importância dessas primeiras pessoas de referência é esquecida, mas resta o comportamento. Ele é "internalizado", ou seja, levado para dentro; então seguimos aquelas regras captadas, que tantas vezes contradizem a realidade, porque tornam nosso comportamento ilegítimo. "Você sempre tem de ser amável com todas as pessoas, principalmente comigo", é uma dessas conquistas, que originalmente era assim: "Criancinha, dê a mãozinha para a titiazinha!" A compulsão de amor exagerada pela ordem, pelo egoísmo acentuado, pela falsa modéstia e pela timidez, mas também o forte impulso para o desempenho das tarefas e para ser reconhecido, fazem parte das várias "regras da infância", de cuja realização nos tornamos dependentes, tanto que depois continuamos a segui-la cegamente, com o mesmo medo inconsciente de perder o amor, o valor e o reconhecimento se deixarmos de cumpri-las. Na lida com o parceiro, esse clichê de relacionamento pode levar ao total esvaziamento de sentido, quando ambos os parceiros formam auto-imagens que correspondam à do outro, de cuja comprovação dependem. "Você sempre tem de ser forte e confiável" combina bem com "você sempre tem de manter tudo em ordem". Durante certo tempo, as coisas vão bem, mas é previsível que em algum ponto esse "amor" termine, porque a desejada auto-imagem não pode mais ser comprovada pelo outro. De repente, o parceiro não é mais "forte e confiável"; e, por outro lado, súbita e inesperadamente, o outro deixa de ser ordeiro. A maioria das uniões sofre devido a vida não vivida, que nunca transparece porque a estrutura do relacionamento resultante só permitiria ver determinados aspectos. E, assim, surgem a monotonia e o hábito: "Eu me acostumei tanto com você..." expressa um processo de adaptação, mas a que preço? Teríamos a possibilidade de desenvolver a consciência se cultivássemos a coragem de fazer e de dizer algo inesperado, surpreendente e novo, sem dúvida à espera da admiração e da rejeição do parceiro, que está tranqüilamente atolado nos próprios hábitos — aqueles mesmos hábitos de cuja monotonia possivelmente se queixava antes. Nos anos 60 e depois, tive a oportunidade de observar gerentes e líderes industriais em seminários de seis a dez dias na Inglaterra e em outros países. Esses seminários de grupo tinham o objetivo de despertar um sentimento melhor pela vida e pela identidade de cada indivíduo, e de lhes transmitir uma melhor compreensão tanto dos próprios motivos e atitudes de rejeição, quanto dos comportamentos dos outros no ambiente de trabalho. A maioria dos participantes ficava tão impressionada que logo queria, muitas vezes roída pelo remorso, usar sua experiência, assim que compreendia o quanto havia se distanciado de sua mulher e seus filhos refugiando-se no trabalho, algo aparentemente racional. Muitos participantes, que moravam por perto, aproveitaram a tarde livre da semana para ir para casa. Entre os colegas de equipe, poderíamos ter feito apostas sobre qual seria o resultado previsível se a situação não fosse tão grave. Com grande regularidade, na maioria dos seminários, duas a três horas depois da volta daqueles maridos, começavam os telefonemas angustiados das mulheres desconfiadas: "O que aconteceu com o meu marido? Ele está tão mudado! Estamos casados há mais de dez anos e, de repente, ele aparece em casa com um presente" (ramo de flores, colar de pérolas, anel, casaco de pele, bombons, etc.). E, hesitantemente, algumas ainda acrescentavam: "Há algum rabo-de-saia metido nisso?" Comprovei essa experiência em muitos outros seminários semelhantes, o que mostra que criamos uma determinada estrutura nos relacionamentos que se desenvolve até o ponto de haver um contrato silencioso de convivência pacífica. Se um dos parceiros rompe essa estrutura — por exemplo, quando percebe que não vem dando a devida atenção à esposa —, primeiro ele depara com a desconfiança dela, mesmo quando sua intenção é expressar um renovado sentimento de amor! Nós nos queixamos da monotonia de muitos casamentos. A tentativa do outro em reanimar outra vez a relação de repente nos faz compreender como nós mesmos nos adaptamos à situação por uma questão de hábito.

## *Fuga*

Seja como for, há uma espécie de tentativa de reanimação que, na maioria das vezes, fracassa. A valorização da sexualidade como artigo de consumo com freqüência leva as pessoas a pensar que é possível voltar à juventude por meio de estímulos técnicos durante a relação sexual. O homem quer sentir outra vez o gosto dos seus primeiros amores. A necessidade de melhorar o desempenho sexual, muitas vezes por influência de drogas embriagadoras — quase sempre o álcool, porque elimina eventuais inibições —, provém de uma espécie de desejo de conseguir uma embriaguez dos sentidos, embora nem sempre se saiba qual a causa desse desejo. Pode tratar-se de uma depressão momentânea, de uma experiência de perda, mas com mais freqüência isso está relacionado com a percepção de que se está envelhecendo. Como não é possível voltar no tempo, queremos detê-lo e prolongar a juventude e a vida. Lembro-me de uma mãe que mandava a filha de treze anos para a escola usando vestidinhos infantis, só para não ter de admitir que estava ficando mais madura. Um dos principais motivos de os pais manterem os filhos artificialmente presos à barra da saia é o conflito, raramente admitido, de eles desejarem conservar-se jovens, nem que seja conservando a lembrança de tempos passados, pois temem perder a força de atração sexual. Para esse ideal consumista de que juventude e "frescor" juvenil são essenciais para a pessoa ser feliz, contribui a propaganda industrial orientada nesse sentido: "Use o preparado X e você consegue!" Isso intensifica ainda mais o medo já existente de envelhecer, pois a pessoa fica com a impressão de que será considerada "ferro-velho" tão logo não possa mais manter os ideais da juventude.

No entanto, todos estamos presos a uma espécie de crença na imortalidade, que tenta excluir a morte como um fenômeno amedrontador, como se a vida continuasse imutável e indefinidamente na forma como a conhecemos antes. O cultivo da juventude demonstra a tendência coletiva de resistência, que um dos meus amigos norte-americanos definiu como "gerontofobia" (medo que os velhos têm de envelhecer). Na época de Theodor Fontane, a vida era vista como uma evolução que prometia marés boas e más de altos e baixos, um subir e descer sucessivo, para, por fim, acabar num tranqüilo olhar retrospectivo que fazia o homem sentir-se em paz consigo mesmo e com o mundo. Hoje, entretanto, a velhice é equiparada, com uma arrogância injustificável, a algo fora de moda, que está enferrujado e é inútil — condenada à morte com impaciência pelos jovens, que se esquecem de que é a esses "velhos" que devem a vida, a formação e as condições de liberdade social, atualmente bem menos limitadas. Esse padrão distorcido de medida torna ainda mais urgente indagarmos se as gerações mais jovens têm muito mais dificuldade para aprender a amar, visto que estão presas a um excesso de amor por si mesmas; isso não lhes permite mais perceber suficientemente a própria realidade e a realidade dos demais. A raiva descontrolada pela geração imediatamente anterior não se justifica pelo fato de a nova demonstrar ter objetivos construtivos. O esvaziamento de sentido, o desejo por sensações prazerosas, por exageros, embriaguez e atordoamento dos sentidos, bem como a violência e a destruição que comprovam uma recusa desesperada de amar, surgem exatamente onde sua força social unificadora poderia possibilitar futuros aprendizados do amor.

Prisioneiros de determinados esquemas que determinam o que está na moda, os jovens usam roupas e penteados semelhantes e se utilizam de um jargão coletivo que lhes dá uma pseudo-identidade, por trás da qual se oculta uma estrutura egóica totalmente fragmentada; os jovens desfazem uma relação assim que surge a primeira complicação, quando seria o caso de adotar medidas que provocassem a transformação e a durabilidade do relacionamento. As uniões se transformam facilmente numa espécie de abrigo para os "sem-teto" da alma.

*Stop the world! I want to get off!* (Parem o mundo, que eu quero descer): o título de um famoso musical dos anos 50 parece expressar de forma bem diversa o desejo de parar, de fazer uma pausa e recusar o desenvolvimento pelo fato de os homens estarem perplexos; essa confusão deveria ser dividida e compartilhada por todos, honestamente. Com o passar do tempo, o observador imparcial acaba tornando-se um cético ao chamado de transformação, que é divulgado por palavras padronizadas, enquanto o comportamento demonstra o contrário: estagnação e retrocesso às experiências e atitudes da infância. O medo da decepção (desmentido pelas pessoas) parece levar facilmente a uma espécie de arrogância impertinente, por trás da qual se esconde a insegurança; essa insegurança também é manifestada quando os homens se põem a cogitar sobre um futuro ainda vago. Também aqui teremos de nos defrontar com "o crime da diferenciação" — sobretudo quando aparece com destaque o quadro de uma minoria "revolucionária" no intuito de fazer sensação. Com isso, deixamos de notar a maioria de pessoas que está preparada para assumir a responsabilidade pelos desafios do futuro e da própria vida, bem como da parceria, que terá assim uma perspectiva de durabilidade efetivamente real. Os sentimentos de culpa que uma minoria nega ter provêm da recusa de se desenvolver e da fuga à realidade; as necessidades de destruição fazem as pessoas agredirem o atual parceiro, o suposto anonimato do sistema que imitam com seu comportamento, transformando-o em caricatura, ou agredirem a si mesmas usando drogas por se recusarem a viver, participando assim de programas abertos de suicídio em massa; mas isso não deve nos impedir de ver que milhões de outras pessoas da mesma geração conseguem se arranjar sem essa transposição da sexualidade decepcionante e da incapacidade de amar para uma destruição coletiva, e, apesar das dificuldades da época que estão por viver, dizem sim ao próprio futuro.

## *Vingança*

Um caso de assassinato ocorrido há muitos anos comprova como podem estar profundamente arraigados os sentimentos de raiva provenientes de expectativas infantis frustradas de conseguir amor. Um honesto artesão de meia-idade, casado há sete anos e com dois filhos, assassinou a mulher. Durante o exaustivo interrogatório para apurar os fatos, a justificativa que apresentou foi a seguinte: a esposa havia deixado de atender um desejo seu a tempo, depois de ter prometido fazer uma torta para seu aniversário. Tratou-se de uma transferência de recordação, isto é, a decepção e o desejo de matar se relacionavam com a mãe que não atendera seu desejo de ter um bolo de aniversário no seu quinto aniversário, apesar da promessa de fazê-lo.

A maioria das tragédias familiares que acabam num ato de violência ou até mesmo num assassinato ou numa tentativa (infelizmente, várias vezes bem-sucedida) de suicídio deve-se à transferência de sentimentos semelhantes, reprimidos por muito tempo e descontrolados, originalmente relacionados com um dos pais. O impulso reprimido na infância torna a se constelar no parceiro. Quando, finalmente, este só puder ser visto na mesma perspectiva de significado tidos pelo pai ou pela mãe que causaram o conflito, os desejos latentes de matar ou as fantasias de morte serão traduzidas para a ação num momento de descontrole. Por mais estranho que isso possa parecer a princípio, a causa está na fixação numa pretensão infantil rejeitada de conquistar amor. Ao mesmo tempo, no entanto, a recusa de se desenvolver fica evidente, o que frustra um possível processo de aprendizado. Não importa os motivos mais racionais e lógicos alegados pela justiça para a imposição da pena; o que de fato se castiga é uma possível culpa secreta emergente, pois supõe-se que o indivíduo tenha a livre escolha, conscientizando-se da situação que poderia ter evitado o seu crime.

Eric Berne, autor do livro *Spiele der Erwachsenen* [Jogos para Adultos], defende em sua análise transacional a teoria de que cada pessoa representa um determinado papel na vida, como se estivesse atuando num filme ou num palco, (*life-script*), por tanto tempo até tomar consciência dos inter-relacionamentos que deram origem às suas atitudes e opiniões. É por isso que ele define a estrutura que se forma entre os casais como "jogo", visto que ele se desenrola segundo um roteiro interior representado no palco e terminando sempre com a mesma situação: depois de uma separação ou escolha de parceiro, a explicação do porquê de repetir-se a mesma situação que levou ao divórcio com um parceiro anterior. O paradoxo está em que os papéis destinados a cada um devem servir para evitar um possível desenrolar posterior da trama que pudesse introduzir o processo de aprendizado do amor, o que acarretaria uma mudança no comportamento interior rígido adotado antes. O motivo dessa rejeição é construir uma couraça que defenda contra a repetição de sofrimentos; contudo, com o passar do tempo, isso traz ainda mais sofrimento do que traria a eliminação dessa couraça!

CAPÍTULO 3

# A Criação de Defesas

*Uma vez levado ao caminho, ninguém tem permissão de parar ou de se furtar à continuação do desenvolvimento interior. Ele não pode deixar de se questionar, quanto à sua própria vida, onde ficou o amor, apesar de todo seu sucesso e lucro financeiro. Será possível encontrar o amor quando tivermos a coragem de reaprendê-lo.*

## A Fortaleza Vazia

Existem contra o amor muitos disfarces e a criação de couraças que muitas vezes não reconhecemos. A base deles está num juramento interior secreto: "Nunca mais vou sofrer a dor de ser rejeitado." As pessoas que vivem segundo esse juramento têm de evitar a proximidade dos outros a qualquer custo. Elas têm medo de ser amadas porque, se o forem, ficarão numa situação de sofrimento íntimo. Elas têm medo de que seus desejos de amar sejam estimulados, depois de o terem enterrado para sempre com amargo sofrimento quando seu amor foi recusado. Seu distanciamento frio e a recusa de qualquer aproximação pessoal é uma maneira de evitar a dor. Essa fuga aos relacionamentos mais fortes, criando uma couraça de proteção por medo de sofrer e por vulnerabilidade, tal como acontece numa fortaleza vazia, não leva só ao empobrecimento do mundo dos sentimentos, cujas experiências devem ser evitadas. Se não houver um jeito de encontrar um modo de expressar e de sentir simpatia e dedicação pelos outros, expressando assim o amor de uma outra maneira, essa fortaleza interior logo se transformará numa prisão. As pessoas que querem evitar o sofrimento associado ao amor correm facilmente o risco de perder o controle da realidade, a sua e a dos outros, graças a essa fuga do amor. Seu mundo se transforma num mundo particular, cujas regras são tão diferentes das regras dos outros que eles se tornam suspeitos de serem malucos ou excêntricos. Quanto mais se sentirem feridos e tiverem sua decepção comprovada, quanto mais se recolherem em si mesmos, tanto antes se tornarão um espelho para o meio ambiente, para suas próprias fantasias reprimidas do mal ou do que é estranho. A solidão é o preço a pagar pelo encouraçamento contra o amor por medo de sofrer e de se desiludir.

Com sua sensibilidade intuitiva, algumas vezes as crianças têm a capacidade de descobrir novos caminhos de comunicação com pessoas solitárias e de despertar outra vez aquele amor encouraçado — mais uma prova de que o recolhimento à solidão por medo da rejeição muitas vezes já ocorre na infância. Por trás da aparente hostilidade às crianças, demonstrada pela pessoa encouraçada, esconde-se a saudade de poder superar o drama amoroso original da própria infância. É um fato da antiga sabedoria que os casamentos tardios com solteirões ou solteironas na maior parte das vezes são difíceis, porque as estruturas fixas e os hábitos desenvolvidos durante longos períodos de tempo não são fáceis de modificar. A decisão de, mesmo assim, formar uma parceria duradoura indica, no entanto, que existe disposição para assumir o risco do processo de aprendizado do amor.

## *Espiral de Neblina*

Outra forma de defesa contra o amor e a capacidade de amar é o medo do compromisso. As pessoas tomadas por esse medo, muitas vezes inconsciente, vivem igualmente numa espécie de espiral de neblina, cujo cerne move a totalidade da vida e é invisível e incompreensível. A espiral também pode girar para fora, em rotações cada vez mais aceleradas, tornando os movimentos mais fluentes, superficiais, misturando aventuras e episódios da vida; então, o sistema muda para o movimento oposto, da espiral para dentro. A interrupção e a perda de todos os contatos com o exterior demora o tempo que leva até surgir uma nova repetição do impulso da espiral para fora; o processo se reinicia desde o começo. O compromisso é rejeitado e trocado pela multiplicidade de relacionamentos, o que torna o "risco" de um relacionamento isolado menor. Esse é o comportamento habitual dos adolescentes, que por uma desconfiança justificável contra ligações apressadas e impensadas se decidem por uma multiplicidade de relacionamentos diferentes, visando proteger-se de sentimentos muito intensos e de obrigações precoces, o que está de acordo com seus interesses múltiplos e seus anseios contraditórios, ainda não muito bem integrados à personalidade. A variação irônica da citação clássica: "Por causa disto, prove o que nos pode amarrar para sempre", descreve o que todos sabem sobre essa adolescência interminável que se torna perceptível também em outros traços do caráter.

Não raro, a insegurança da identidade sexual provocada por velhos problemas de desapego da mãe e identificação parcial com o sexo oposto é a causa de uma ambivalência profundamente arraigada, embora inconsciente. Também o sintoma da troca de parceiro com a ajuda de um novo parceiro indica um caráter de busca, que aparece nesse tipo de dificuldade de amar. Uma sensibilidade excessiva no que se refere ao amor próprio, o medo de que um confronto com o parceiro prejudique a auto-imagem elevada artificialmente por causa dos sentimentos de inferioridade, é um efeito colateral freqüentemente expresso na fórmula impronunciável: "Você tem de me amar do jeito que eu sou. Se não puder fazer isso, eu vou-me embora." Também neste caso, a dificuldade de amar é provocada por excesso de amor-próprio, pela auto-estima exagerada que, como um tumor, provém do medo. Uma particularidade é a inveja sexual inconsciente do sexo oposto. Não é difícil encontrar homens que, sem perceber o que estão fazendo, têm de demonstrar continuamente que têm as melhores qualidades "maternais-femininas"; ao contrário, as mulheres têm de enfatizar como são mais decididas, dispostas à ação e "masculinas" do que seus parceiros. A concorrência com o parceiro fica amplamente inconsciente, mas provoca grandes conflitos de identificação e de identidade sexual nos filhos. O que ocorre é uma tendência inconsciente para o mito milenar da androginia (sexo duplo, homem/mulher), como se a oposição dos sexos fosse suavizada por um "pai maternal" e uma "mãe paternal".

Assim como o comportamento sexual e as regras básicas de convivência conjugal são influenciados por fatores socioculturais, econômicos e políticos, no sentido inverso, o comportamento dos casais e o comportamento sexual da sociedade exercem influência sobre a moral como um todo, e com isso, também sobre a moral no trabalho, sobre a situação ética, os padrões de valor socioculturais, bem como as tendências econômicas e políticas. A falta de compromisso em muitos relacionamentos íntimos e a incerteza sobre sua durabilidade e confiabilidade indicam um aumento da postura do tipo "espiral de neblina". Esta também pode ter sido condicionada pelas sociedades industriais ocidentais e, não por último, pela elevação crescente da expectativa de vida e pelo prolongamento da adolescência. Esse "moratorium" (J. Erikson) atribuído à geração mais jovem em favor de possibilidades mais amplas de educação, cuja utilidade se torna cada vez mais questionável, atua ao mesmo tempo infantilizando os jovens e contribuindo para um prolongamento das atitudes adolescentes que certamente influenciam as parcerias. A instabilidade e a insegurança nos relacionamentos, desenvolvidos a partir disso, acabam tendo seus efeitos na fuga e nos movimentos reivindicatórios, cujos quadros do futuro se apóiam numa vaga utopia de um "mundo melhor". Este não poderá provir da recusa ao processo de aprendizado do amor; antes, seria necessária uma decisão que intimasse cada pessoa a se posicionar quanto à própria dificuldade de amar, em vez de usar sistemas inteiros como bodes expiatórios para sua hesitação.

Também os que fogem do amor nas espirais que giram cada

vez mais depressa chegam regularmente a uma situação limítrofe, em que, por fim, têm de questionar o motivo de o trecho de vida que percorreram não ter retorno. A crise da "meia-idade", à qual a medicina e a psicologia não prestaram muita atenção até hoje, porque as variações atuantes dos conflitos infantis se reduzem depressa demais aos modelos da experiência original, é determinada decisivamente pela consciência de época-idade; esta percebe que o que resta da vida é um período muito mais curto do que aquele que já se viveu. Até nos dias de hoje sabemos muito pouco sobre as causas de mortes súbitas do coração ou sobre doenças mortais no âmbito da crise da meia-idade, o período que vai dos 35 aos 45 anos de idade, tanto antes como depois considerado enganosamente o "melhor" período da vida de um homem. Curiosamente, ao contrário, não há elogio semelhante para as mulheres da mesma faixa etária.

No entanto, a crise da meia-idade na verdade é uma crise vital oculta para ambos os sexos, provocada pela pergunta sobre o significado da vida, sobre o significado do que já se viveu e sobre para onde tudo isso leva. A antiga sabedoria popular descreveu muito bem, antes de qualquer psicologia: *Mit vierzig wird der Schwob gscheit* [Com quarenta anos, a barata fica esperta.] A "idade da barata" caracteriza o conhecimento geral do que é rotineiro no curso da vida e no desenvolvimento interior. Com freqüência, podemos encontrar afirmações semelhantes em outras línguas e raças, inclusive a "sabedoria do camponês", embora os intelectuais urbanos muitas vezes depreciem zombeteiramente essa sabedoria.

Contudo, o problema de conhecer e de ser, comprovado pelo conflito entre pensar e agir, é solucionado em outro plano que, em última análise, determina o conhecimento do indivíduo, ou seja, sua decisão de amar ou de recusar o amor. Só o fato de "sabermos" disso nos torna dolorosamente conscientes de que, como a maioria, embora saibamos como, não fazemos nada para melhorar a situação. O fugitivo é apenas mais um na multidão de pessoas que lutam com a dificuldade pessoal de amar.

## Cláusulas

"Só posso amar você se você for como eu imagino e exijo que você seja" é um dos desafios unilaterais injustos que visa proteger a pessoa de exigências da parte contrária e das mudanças da autoimagem. Nisto deixamos de ver que todo desafio corresponde a uma imagem interior ideal, que veio a aparecer de forma muito diferente e que não tem nada que ver com o parceiro real. Conseqüentemente, o parceiro é avaliado segundo um padrão a que tem de se adaptar como se fosse uma matriz, sendo que todas as partes perturbadoras têm de desaparecer segundo as possibilidades. Talvez isso aconteça quando o parceiro tem de ser um prolongamento do próprio eu, com todas aquelas características que nos faltam na nossa imagem ideal. Assim que ele diz, faz ou pensa algo que não corresponde a essa imagem ideal, isso nos magoa. Há outra possibilidade: o parceiro é identificado com alguém do nosso meio ambiente anterior, o que pode dar origem a muitos conflitos, quando se desenvolveram sensibilidades contra determinadas pessoas do meio ambiente primitivo, baseadas em sentimentos de ambivalência e ligações de dependência obscuras — pais, irmãos, amigos, amigas e educadores. A fórmula "não suporto quando você..." descreve uma cláusula unilateral em que se estabelece que não existe a necessidade de buscar descobrir a causa dessa sensibilidade especial. A cláusula da transformação é passada unilateralmente para o parceiro, sobre o qual recai todo o peso de antigas transmissões. Essa transposição também pode consistir em que, tal como se faz com os filhos, temos de combater nele os nossos próprios traços odiados de caráter. O mecanismo psíquico da projeção, em que conteúdos e comportamentos reprimidos, inconfessados e inconscientes são projetados sobre o parceiro como se este fosse uma tela, é um dos mais freqüentes conflitos conjugais e das cláusulas de atribuição de papéis prescritas no contrato conjugal. As mães que têm muitos filhos conhecem a "síndrome de mamãe" que acomete o parceiro; de repente, ele passa a ter experiências infantis de inveja, quer comer mingaus e comidinhas infantis, transformando transitória ou duradouramente a relação conjugal em uma relação de mãe e filho, como se também tivesse o direito de ser o terceiro ou quarto filho. Esses retrocessos (regressões) a etapas de comportamento anterior infantil não são incomuns. Na maioria das vezes, elas surgem sob pressão emocional excepcional ou em fases de insegurança passageira. Mas também, na paralização do controle antes perfeito da consciência, devido à ingestão de bebidas alcoólicas, muitas pessoas apresentam traços de caráter semelhantes aos de uma recaída em comportamentos da puberdade ou da infância.

A tentativa de aprender a amar é minada pela cláusula contratual que atribui ao parceiro sempre um determinado papel do qual ele não pode se desviar. Quando isso acontece, em virtude de cláusulas mutuamente opostas, o campo de experiências e relacionamentos possíveis fica mais restrito, são excluídas novas possibilidades de aprendizado e o relacionamento se enrijece numa espécie de esquema de regularidade retroativa. Em vez de amor, surgem as pressões e a falta de liberdade para desenvolver novos traços de personalidade. E isso contradiz as exigências das cláusulas de uma união. A unilateralidade dessas limitações não raro leva ao rompimento da relação por uma das partes, ou ao aumento de situações de conflito. A apaixonada exigência de uma esposa: "Não quero que você faça tudo o que eu quero; eu só quero que você pense exatamente como eu penso", esclarece a real obstinação e desespero com que é impedida uma mudança no próprio caráter e a possibilidade de enxergar através dos olhos do outro, por obra de exigências unilaterais. Por sua vez, esse comportamento só se torna compreensível quando tornamos visíveis a insegurança e o profundo medo interior frente à necessária correção de um ideal auto-imposto, temidos como todo passo de desenvolvimento por ser considerados perda de valor pessoal e de amor. Mas esse medo exclui parte da própria realidade e da realidade do parceiro: a longo prazo, a conseqüência é a distorção dessa realidade até chegar à loucura ou à supervalorização de uma opinião.

Além do mais, existe um exercício muito simples que possibilita uma experiência direta, sem palavras ou discussões, seja qual for o seu relacionamento conjugal no momento. Ele é útil, principalmente, para uniões de gente jovem, para que os parceiros aprendam mais sobre si mesmos e sobre o outro, sem incorrer em malentendidos devidos ao excesso de palavras. Ambos os parceiros se colocam um diante do outro, fecham os olhos e tentam imaginar o outro. Depois de alguns minutos, ambos abrem os olhos e comparam a imagem real com a que imaginaram momentos antes. Então, ambos apóiam a palma das mãos na palma das mãos do outro, como se ficassem diante de uma imagem no espelho. Assim que essa imagem (dos dois lados do espelho) levar a algum movimento das mãos ou do corpo, não importa o lado do qual parte o movimento, o outro parceiro deve fazer o mesmo movimento. Com isso torna-se reconhecível algo mais do que cláusulas contratuais ou resistências. Esse processo pode ser descrito em duas palavras apenas, mas a experiência não é compreensível diretamente ou apenas por palavras; o processo é significativo para ambos os parceiros como um processo de aprendizado. Esse exemplo de um possível exercício de experiência para parceiros foi mencionado aqui porque a coisa mais difícil para uma pessoa aceitar é um ato inesperado da parte da outra, ou então fazer ela mesma algo de inesperado.

Também neste caso, a situação básica da união depende das condições específicas da cultura onde vive o casal. Por exemplo, uma sociedade que siga leis como "é preciso ter ordem" ou "ser ordeiro é ter meio caminho andado" e "trabalho é trabalho, cachaça é cachaça", apresentará mais tendências de estabelecer cláusulas contratuais limitadoras numa união conjugal do que uma sociedade que siga normas como "forget it" (esqueça) ou "it does not matter" (isso não importa), que exigem de preferência um trabalho necessário de estabilização.

## O *Mundo de Fígaro*

No mundo industrializado, a evitação de uma relação amorosa mais profunda é uma das mais freqüentes e autojustificáveis dificuldades de amar. Em seminários sobre gerenciamento, 60 por cento das forças de liderança na faixa etária dos 35 aos 50 anos declara que sua principal dificuldade de amar consiste na impossibilidade de manter um contato sentimental intenso, duradouro, com a família. O motivo disso está em que cada participante do seminário acredita de início que está sobrecarregado de trabalho profissional. Uma análise mais detalhada revela que, ao contrário, o excesso de trabalho é procurado, chegando a pessoa a trabalhar de sessenta a setenta horas por semana no intuito de fugir dos problemas, perguntas e dúvidas pessoais despertados no seio da família. Com a "Síndrome de Fígaro" ("Fígaro cá, Fígaro lá... eu não agüento mais..." do Barbeiro de Sevilha), o profissional acredita na grande importância do excesso de negócios e desenvolvimento na profissão, e esses "líderes", seja na política, na indústria, no mundo dos negócios ou em outras organizações, estão convencidos de que não lhes sobra tempo para dedicar ao amor. Isso não impede, de forma nenhuma, que depois de conferências extenuantes ou de transações comerciais complicadas, exista um momento "livre" em que as tentações da outra cidade e suas possibilidades de aventuras descompromissadas exerçam enorme atração — do tipo "um relacionamento indiferente" e "apenas um caso extraconjugal". Depois disso, o trabalho volta a ser o centro das atenções: nas sociedades voltadas para o desempenho profissional, já se aprende na escola primária que "primeiro o trabalho, depois o prazer".

A ética das grandes empresas e organizações contribui significativamente para essa atitude, principalmente quando a "companheira", ou seja, a esposa do empregado é vista como uma espécie de apêndice do homem, pela qual a empresa ou as autoridades não precisam se responsabilizar, visto que ela não pertence ao quadro "profissional" ou "dos negócios". Ficou comprovado que uma parte considerável de esposas se transforma para a firma numa espécie de "acidente de trabalho". Devido à atitude dos maridos, elas sofrem de depressão ou bebem demais ou ficam com distúrbios psicossomáticos. E esse é o resultado mais inofensivo e remediável, mas afeta a atuação dos empregados.

A antiga imagem do homem enfrentando a luta árdua "lá fora", e da mulher educada para ser dona de casa, ainda parece manter inalterada a posição dos empregadores, os quais muitas vezes colocam o empregado diante de uma decisão conflitante demais: a carreira ou o casamento e a família. Também nesse caso, a estrutura familiar existente determinará essa decisão; mas não podemos deixar de mencionar que muitas parceiras não ficam necessariamente insatisfeitas com isso, porém gostam de seguir os próprios caminhos durante algum tempo.

Infelizmente, só uma minoria de parceiros sabe como lidar melhor com o outro no estágio de problemas comuns e de súbita frustração. Na maioria das vezes, o homem cansado do trabalho, agoniado com as complicações do trânsito que o deixam adicionalmente frustrado, quer descansar em paz assim que chega em casa; a mulher, no entanto, talvez tenha passado o dia inteiro alimentando uma série de pensamentos, problemas, preocupações ou conflitos interiores e com os filhos, ansiosa por despejar logo tudo em cima do marido. Vivo encontrando homens que estão de consciência pesada por terem rejeitado os filhos que estavam à sua espera com uma alegre expectativa, com a desculpa de que "simplesmente foi outro dia daqueles". Embora me tenham descrito os mais variados métodos para solucionar esse problema, há casais aos quais não ocorre nenhuma solução. Eis algumas das soluções encontradas: dar uma volta a mais no quarteirão, a fim de relaxar antes de entrar em casa; vinte minutos para uma "soneca depois do expediente" e finalmente (a pior das soluções possíveis), passar antes no bar para tomar "umas e outras". Mas o método mais comum é esconder-se por trás da edição vespertina do jornal do dia. O problema é o medo aparente de não sobrar energia, o que impossibilita irradiá-la. Mas o verdadeiro motivo, na maioria dos casos, está num aprisionamento a velhos hábitos e falsas expectativas. Não há prova melhor de que o amor tem de ser aprendido, e de que ele não cai do céu, do que as inúmeras brigas sem sentido entre o casal ou os injustificáveis ataques contra os filhos à noite, que ocorrem no mínimo uma ou duas vezes por mês quando o homem volta para casa — às vezes, com freqüência até maior, quando ambos os parceiros trabalham fora para manter um padrão de vida que muitas vezes nem é desejado pelos filhos. A suposição de que não existe nada de mais belo do que a reconciliação depois de uma briga pode servir para determinados temperamentos como estímulo; na maioria das vezes, porém, não é a briga, mas uma crescente insatisfação com o estado de coisas que causa uma tensão em que nada mais é expresso com honestidade.

A dificuldade de aprender a amar torna-se tanto maior quanto mais cada um estiver convencido da importância de suas exigências, seja com relação à carreira, à promoção e a um padrão de vida mais elevado, seja a necessidade de atenção por parte do ganhapão, que precisa da sua tranqüilidade, seja a necessidade feminina de encontrar ouvidos para todos os pequenos problemas que atormentaram o seu dia-a-dia. Na época dos "pachás" os homens tinham vários tipos de privilégios; isso funciona tão bem como a mania de superioridade do homem, sempre que o excesso de trabalho serve como muro de proteção contra a intimidade, a mudança e o aprendizado de uma convivência carinhosa; ao mesmo tempo, o "trabalho da mulher" é desprezado como algo de menos valia. Na verdade, desta forma o homem se priva de uma das mais abundantes fontes que fica à sua disposição como comprovação do sentido da sua vida, pois a confirmação segura de que "eu me mato de trabalhar só para vocês" não o livra de participar de um campo diferente de relacionamento, muito mais pessoal e direto, do qual não se pode eximir se não quiser perder a verdadeira base e justificativa do seu trabalho perante si mesmo. Se atualmente muitas famílias "funcionam" como uma espécie de posto de abastecimento ou depósito de materiais, em que os membros isolados aparecem ocasionalmente para reabastecer, isso não se deve ao fato de o "amor ter saído da moda" por causa de tantas exigências de consumo e de tanta correria para obter bens materiais; o amor foi substituído por programas de televisão que o apresentam como um espetáculo de segunda mão: esperamos que isso sirva de estímulo para refletirmos sobre o assunto.

A isso se soma o fato de a compulsão pelo trabalho possibilitar uma fuga eficaz de si mesmo e dos sentimentos de dúvida aos quais se quer escapar. O inglês descobriu um termo para definir o fenômeno da compulsão pelo trabalho: "*workaholic*"*, composto pelas palavras "*work*" (trabalho) e "*alcoholic*" (alcoólico ou alcoólatra).

Uma vez no caminho, ninguém tem permissão de ficar parado ou de se furtar à continuidade do desenvolvimento interior, a não ser pagando por isso um preço muito alto. Atualmente, a maioria dos médicos clínicos e as clínicas médicas sabe que entre 35 a 45 por centro dos pacientes se queixam de distúrbios orgânicos; sua causa são conflitos interiores e exteriores não solucionados ou aparentemente insolúveis. A maioria desses conflitos se deve a expectativas irreais, com simultâneas escapadas para o mundo da fantasia. Nenhum desses vários pacientes está pronto e na posição de afirmar com simplicidade: "Estou infeliz e insatisfeito comigo mesmo e com os outros porque tenho desejos demais de uma só vez, porque não consigo renunciar aos mesmos e porque não considero suficiente o que eu sou e o que eu tenho." As constantes alfinetadas com relação ao comportamento dos concorrentes e as sugestões comunitárias de transformar os homens em máquinas isentas de erros, bem lubrificadas e com funcionamento regular, contribui para a adoção de um ideal secreto de robotização, que acabará por se introduzir também no quarto do casal. A acusação da geração mais jovem de ter recebido um mundo "estraçalhado" relaciona-se com a negação, o desmentido e a evitação de qualquer compromisso com o mundo profissional, e por fim, também com a vida particular. É então que se pode reconhecer como são exatamente os sentimentos artificialmente reprimidos e os sentimentos negligenciados que provocam os problemas amorosos. Quando falamos sobre isso com o industrial comum, o homem de negócios ou o diretor de uma repartição, eles podem esboçar um sorriso de escárnio ou achar que se trata de uma impertinência da nossa parte falar sobre amor com esse palavrório. Pode tratar-se do mesmo homem que anuncia que o Natal é a festa do amor e que promete a si mesmo incrementar seus negócios com isso. Mas não pode deixar de se perguntar

---

* *Workaholic*: Pessoa que tem compulsão pelo trabalho.

onde ficou o amor em sua vida no meio de tanto sucesso e de tantos lucros. Seria possível descobrir o amor se tivéssemos a coragem de aprender outra vez a amar. Talvez isso exija tanta coragem que ninguém mais ousa tentar. Por medo de fracassar — ou por medo de não conseguir amor suficiente!

## *Mimos*

Existe certa "hipersensibilidade" no que se refere ao amor. Não estamos falando aqui de uma súbita aversão pela sexualidade que surge nos adolescentes quando aparece o medo das transformações físicas. O conto de fadas do sapo que se transforma em rei descreve melhor do que qualquer tratado de instrução sexual o que se passa durante essa mudança ocasionada pelo desenvolvimento: o sapo feio, grudento, encontrado na cama (como símbolo da sexualidade), é jogado na parede pela princesa e se transforma, no mesmo instante, num príncipe garboso. O conto de fadas relativo ao sexo masculino não é muito diferente deste: "A história de alguém que saiu de casa para enfrentar o terror." Ele vence todos os fantasmas e gigantes ameaçadores, até que lhe jogam um balde cheio de peixes escorregadios sobre o corpo. Nesse momento, ele fica "arrepiado", sendo que o verbo arrepiar tem o duplo sentido de ficar com a pele arrepiada e, ao mesmo tempo, de ter um calafrio. A alusão disfarçada à sexualidade não pode deixar de ser percebida: é o que acontece no tálamo conjugal.

A hipersensibilidade como defesa contra o amor é caracterizada por uma espécie de sensibilidade exagerada a que se dá o nome de esteticismo. O amor perde sua parte "comum", a sexualidade é espiritualizada na medida do possível. O pretendente, como Erich Kästner o descreve com sua fina sensibilidade para o duplo sentido da língua na poesia. *Der Kümmerer* [O Queixoso], isola um determinado aspecto de sua parceira. A interpretação errônea de "ficar pura" e "florescer" provém de uma exclusão do aspecto físico do amor. Só são permitidos os aspectos do outro que possibilitam mantê-lo à distância. Isso corresponde a uma época histórica em que os trovadores percorriam os países a fim de cantar canções de louvor para as damas da nobreza; essas canções deviam gabar o fato de elas serem inacessíveis. Nas trovas da época de Biedermeier retomou-se uma parte dessa idealização romântica do amor a distância. Também nesse caso, é condição imprescindível que a dama seja inacessível, o que só é possível através da idealização, porque assim não há necessidade de chegar-se às vias de fato com a realidade. No hiperesteticismo, a sexualidade surge como algo baixo, sujo e ordinário, como um tabu em determinadas épocas. A pessoa "adorada", seja homem ou mulher, torna-se uma espécie de monumento, que provoca mais fantasias do que qualquer realidade possibilitaria. Muitos capelães e jovens sacerdotes católicos conhecem e sabem cantar a canção lamentosa dessa escolha de um objeto de "amor a distância" quando são idolatrados pelas mulheres em virtude de serem inacessíveis por causa do voto do celibato. No entanto, algo bastante semelhante pode acontecer no dia-a-dia. A valorização de um telefonema ou numa carta: "Que bom que você está aí..."; poderíamos bem acrescentar: "... e não aqui, pois é mais fácil lidar com a minha imaginação de você do que com a sua presença real." A recusa estética de aceitar completamente o lado animal do amor acaba por excluir também aqueles aspectos estranhos e alegres que estão ao lado dos trágicos. Desse ponto de vista, o amor recebe o caráter de algo "sagrado", igual à intocabilidade, e é "espiritualizado" no objeto falso — por excesso de seriedade. A vítima dessa adoração (seja homem ou mulher) de qualquer forma se vê num dilema, pois por um lado essa adoração massageia sua auto-estima, mas por outro elimina a possibilidade de realização do amor, o que acaba por tornar-se um esforço demasiado e uma frustração.

Lembro-me de uma breve consulta de aconselhamento, em que uma camponesa jovem e esperta estava diante da decisão de dar seu consentimento a um homem que ela admirava por sua suposta beleza e brilhantismo e que, no meu modo de ver, ela superidealizava. "Ele tem mãos tão belas!" Ao mesmo tempo, essa mulher tinha dúvidas se não seria preferível casar-se com um homem da mesma idade e antigo colega de escola que conhecia bem e que amava por sua confiabilidade e honestidade. O tempo da consulta era restrito, visto que tinha de pegar um trem. Minha saída foi um curto monólogo sobre a diferença entre o bolo que se gosta de comer aos domingos e o pão preto de que precisamos todos os dias; e como seria bom se pudéssemos inverter isso a longo prazo. É claro que havia mais detalhes na conversa, que não são relevantes aqui. Depois de algumas semanas, recebi um cartão postal dos Alpes com os seguintes dizeres: "Optei pelo pão preto!"

## *Ícones*

O amor é realista, a paixão depende de ilusões que nem sempre se realizam. No caso de rejeição estética, com freqüência os homens se sentem atraídos por meninas bem jovens, quase com jeito de rapazes, ao passo que evitam mulheres maduras. A identidade sexual indiferenciada subjacente do "adorador" e a associada tendência latente, na maioria das vezes inconsciente, ao homoerotismo, provocam uma espécie de fuga do aspecto carnal do amor, da mesma forma como acontece com a inveja reprimida inconsciente em relação ao outro sexo. No caso das mulheres, com freqüência o que as atrai e provoca reações semelhantes pelos mesmos motivos é o jovem radiante, ou os homens de cabelo comprido encaracolado, longos cílios e um leve traço de beleza quase feminina. O "amor a distância" do adolescente pelas inalcançáveis estrelas do cinema nada mais é do que um estágio encantador de fantasia e uma fase de transição; o adulto que fica preso no mesmo nível adquiriu um sério impedimento ao amor. O "sonho" é mais bonito do que a realidade, mas isso não raro leva a acessos extremos de masturbação compensatória; com isso, cada vez mais a sexualidade tem de ser negada como um "instinto baixo" por que a pessoa que se masturba se censura, e então, o esteticismo e a espiritualização do amor recebem nova ênfase como uma compensação.

Também nesse caso trata-se do remanescente de uma etapa de transição da adolescência, cujos sinais característicos são o "complexo de madona-prostituta" no homem, e o "complexo do cavalheiro-monstro", na mulher. Essa perspectiva da "alternância", de uma experiência em preto e branco, provém do medo e da incapacidade original de integrar os impulsos sexuais e os estados de pressão, por um lado, e, pelo outro, a hipersensibilidade de sentimentos, de forma completa e harmoniosa na pessoa como um todo. A adoração, contudo, coloca a pessoa adorada numa espécie de altar ou de memorial, de forma que não possa mais se mexer, pois assim parece menos perigosa. O que na realidade tem de ser controlado dessa forma são os perturbadores impulsos sexuais, que precisam ser negados. Se essa divisão persistir, não raro acontece que o mesmo homem que venera uma mulher, adorando-a como um ícone, sai correndo da sua presença para ir à mais próxima zona de prostituição quando sente o calor do desejo. Por fim, ele fica em dúvida sobre essa divisão, que passa a lhe parecer sem sentido.

O fato de as meninas na adolescência, por sua vez, não raro terem a fantasia de serem prostitutas, corresponde ao conhecimento incipiente da própria sexualidade, embora se trate de bem mais do que isso. Por trás disso, esconde-se a busca inconsciente pelo pai, com base em fantasias incestuosas incontroláveis do início da infância. Nos garotos, a mesma fantasia incestuosa pode levar à intocabilidade da mulher amada, e sua imagem corresponde inconscientemente aos sentimentos relacionados com a mãe, que, como objetivo sexual, de fato era intocável.

Restos semelhantes da adolescência podem ser vistos em mulheres que vêem no parceiro uma espécie de cavalheiro do Graal e, depois, subitamente, passam a ver nele o oposto, ou seja, um monstro diabólico. O cavalheiro do Graal é o que sobrou de um pai, irmão ou figura controladora na infância, idealizados, misturados às fantasias e sonhos provenientes da fase de transição, em que as meninas sonham com ser elas mesmas um jovem, um homem, um herói envolvido em feitos heróicos. O monstro diabólico, ao contrário, é uma mescla das experiências "más" com a mãe (a bruxa), dos aspectos ameaçadores da sexualidade paterna quando ainda não era entendida, e das secretas fantasias de vingança da criança que se sentiu abandonada e anseia por causar prejuízos, por fazer artimanhas e destruir.

O medo de assaltos ou de abuso sexual têm um fundamento bem diferente. Ambos esses medos são idênticos; o primeiro é apenas um símbolo do segundo, e ambos se devem ao medo dos próprios e descontrolados impulsos e desejos sexuais, com uma volta ao medo infantil depois da descoberta do relacionamento existente entre os pais ou da visão dos órgãos sexuais de um adulto.

Em diversas variações dessas formas de resistência ao amor se tornam visíveis as dificuldades gerais de compreender melhor, de entender o parceiro e de tomar conhecimento do que acontece a um e ao outro ou a ambos na sua intimidade. Isso no início pode parecer tão difícil a muitas pessoas que, só de pensar no assunto, elas resolvem desistir. Portanto, é preciso eliminar aqui um possível mal-entendido. Nossa educação nos leva a considerar os processos de pensamento importantes e aceitáveis, mas na maioria das vezes trata-se de opiniões emitidas pelo pensamento objetivo lógico. Precisamos desse pensamento técnico para lidar com a realidade exterior. Mas se tentarmos usar esse processo "intelectual" na lida com nós mesmos e com os nossos sentimentos, esse lado técnico de nossa razão fracassa. Não é por acaso que falamos do frio raciocínio calculista. Ele está em oposição aos sentimentos, às paixões "quentes", que fogem ao nosso controle com grande freqüência. Por isso precisamos ter um outro modo de ver, que também definimos como tentar ver com os olhos (empatia). Ao lado das nossas palavras e pensamentos, também emitimos sinais mudos através do timbre da nossa voz, da postura do nosso corpo, da expressão do nosso rosto, através do movimento dos nossos membros e de outras várias maneiras, muitas vezes inconscientes, tanto nas parcerias como nos relacionamentos inter-humanos. Muitas vezes esses sinais silenciosos se contradizem; outras vezes estão inteiramente de acordo.

Provavelmente, não percebemos a contradição entre nossos sinais silenciosos e as palavras que procuramos seguir e nas quais confiamos. O outro talvez entenda a linguagem muda e compreenda que ela expressa o contrário do que é expresso pelas palavras. Isto é bastante inquietante para pessoas que manifestam sua vontade e melhor conhecimento ao se dedicarem ao parceiro com amor. Para muitas pessoas, o fato de o seu inconsciente ser tão transparente para o outro é bastante estranho. A questão é como lidar com essas verdades. No entanto, o medo, compreensível em toda parceria, é que ela não dure tanto quanto cada um esperava. Ameaçados pelo rompimento da relação, cada parceiro teme a recaída na solidão, a inutilidade de todos os esforços e as dúvidas e a ousadia de um recomeço com outro par. Por que, nesse caso, ficamos admirados de que, sob a fina camada de hábitos e deveres do dia-a-dia, que aparentemente podem manter uma união, se encontre um tremor de medo perceptível: o medo de não saber por quanto tempo a relação se manterá, ou a perplexidade de não saber o que fazer para superar esse estado de insegurança?

Naturalmente, não existem receitas ou um roteiro de viagem para um casal orientar sua vida conjunta, de tal modo que vivam livres do medo. Mas existem meios de trazer à superfície esses medos cujos efeitos não são apenas negativos, de fazer deles um patrimônio comum, de dominá-los juntos e de talvez, quem sabe, tornar a energia neles contida tão fecunda que ela sustente a união conjugal em vez de destruí-la. A segunda parte deste livro tratará dessas possibilidades e caminhos durante o decurso da vida, e falará de como superar o medo por meio do amor.

CAPÍTULO 4

# Caminhos e Descaminhos

*A transformação necessita de um momento decisivo e de uma resolução, que ninguém pode realizar por nós. Isso abrange a disposição de falar clara e abertamente sobre os sentimentos, sem a intenção de magoar os outros, de atingi-los ou de querer se vingar. Isso de forma alguma é fácil e requer a superação do medo, bem como uma diminuição da desconfiança em relação aos outros. A confiança aproxima, a desconfiança afasta.*

## Insegurança

Viver significa mudar e tornar-se uma nova pessoa, num desenvolvimento interminável. Toda etapa desse processo de crescimento pode provocar sofrimento e alegria. Pode causar orgulho, motivado pelo êxito em tentativas antes fracassadas de evolução, ou sofrimento por ter de se despedir de uma fase da vida que tem de ser deixada para trás, uma vez que transformação sempre significa perda. Perda e lucro são elementos básicos do balanço de débitos e créditos no raciocínio comercial. No entanto, o amor deve estar isento desses cálculos. Mas será que está?

Toda pessoa conhece a si mesma através das experiências que tem como indivíduo. Sua pele é ao mesmo tempo a fronteira entre o interior e o exterior. Ninguém gosta de arriscar a pele. Debaixo dessa pele mal há lugar para outra pessoa, a não ser que esse espaço seja cedido voluntariamente. A poesia e o lirismo registrados em todos os tempos definiram o coração e o espírito humanos como aquele lugar em que a outra pessoa consegue licença para entrar e licença para se instalar: "Você está no meu coração, você não me sai da cabeça." Ou, outro ditado mais cético: "Longe dos olhos, longe do coração." Será o coração o lugar onde se instala o amor, a sede dos sentimentos? "Só de vê-lo, o meu coração bate mais forte." A aceleração do batimento cardíaco, o tremor no corpo e os calafrios como imagens sensíveis da agitação primitiva que toma conta dos homens que amam podem caber bem na época do romantismo. No entanto, os homens modernos certamente também têm dificuldade para controlar o ritmo cardíaco, porque as batidas do coração se aceleram durante a excitação amorosa. A negação moderna dessa força avassaladora é caracterizada pela expressão "Play it cool!" (Fique frio!) — uma tentativa artificial de escapar à realidade, pois não é possível fazer esse jogo com o parceiro sem que o amor seja prejudicado. O medo de não conseguir amor suficiente aumenta na civilização ocidental, tanto mais porque a idéia de felicidade está associada à idéia de possuir e ter. Esse medo de ser prejudicado no amor muitas vezes está associado à inveja inconsciente que dá a tônica de muitas uniões, seja no casamento, seja nas simples relações de amor, quando o amor permanece oculto e não é declarado.

Ainda nos dias de hoje, muitos homens, principalmente os de classe média, acham que as mulheres levam a melhor, visto que têm "somente" de fazer os trabalhos domésticos e cuidar dos filhos, não estando sujeitas às constantes exigências de um bom desempenho profissional. Em contrapartida, muitas mulheres invejam os homens por causa das suas horas regulares de trabalho e pela rotina profissional cotidiana — inclusive pelas pausas, que elas não têm —, pois elas têm de lidar ininterruptamente com vários filhos e várias vezes por dia se vêem envolvidas numa enorme confusão. Os medos podem aumentar sem que se tome nenhuma providência prática para obter segurança, especialmente quando a união é criada sem um "contrato" psicológico bilateral e ambos os parceiros tentam nivelar suas diferenças sem nenhum entusiasmo. Quando Kinsey divulgou os resultados de suas pesquisas, a maioria dos leitores se surpreendeu ao descobrir os vários motivos que levam uma união entre um homem e uma mulher a se manter estável. Os homens se casam porque acham vantajosa a possibilidade de manter relacionamentos conjugais regulares que independem do esforço da conquista, algo diferente do que acontecia nas experiências sexuais anteriores; as mulheres, no entanto, em sua maioria, anseiam por um lar e por filhos, resultado previsível dessa união. Atualmente, esse resultado das pesquisas de Kinsey é considerado duvidoso e é combatido; mas, na verdade, até agora só houve pequenas mudanças ao se estabelecer inconscientemente o objetivo do casamento.

Um motivo não levado em consideração nas estatísticas é o sentimento de solidão e o anseio por apoio e proteção confiáveis para ambos os sexos. As características de confiabilidade, constância, seriedade e honestidade predominam ainda hoje quanto ao que se espera encontrar num parceiro. Só uma porcentagem mínima da população como um todo define a parceria como uma "tentativa de ficar junto por tempo indeterminado", ficar junto sem compromisso, uma união que pode ser desfeita facilmente se não houver as formalidades de um casamento. Por certo, a resistência a um compromisso não se deve unicamente a fatores psicológicos do desenvolvimento, fatores que são diferentes para homens e mulheres em várias faixas etárias, mas também às influências sociais e sociopolíticas. O questionamento da forma burguesa de se casar, a inconstância e a vulnerabilidade às crises da organização social, a insegurança quanto ao futuro sob a pressão de tensões políticas de âmbito mundial, a ameaça global por grupos terroristas e, por fim, o medo provocado pelo final do milênio, produzem seus efeitos sobre toda união ou sociedade conjugal.

Simultaneamente, acontece uma situação paradoxal: enquanto aumenta a ameaça global, o medo individual de um futuro incerto também aumenta e, com isso, o indivíduo torna-se mais sensível e mais fina a sua pele, tanto que ele busca cada vez mais apoio e proteção na esfera íntima de um relacionamento a dois; ao mesmo tempo, acontece uma espécie de embotamento dos sentidos, uma indiferença na qual a própria vida e a vida do parceiro perdem o significado, como se tudo na vida fosse descartável, pois sua validade é de "tempo relativo". A expectativa subjacente de que ocorra uma catástrofe inevitável — de dimensões apocalípticas, como a destruição prevista pelos profetas modernos, que o descrevem com um prazer sádico numa imitação de Cassandra —, leva a uma espécie de medo de ficar donzela em que mais que depressa se deve aproveitar todo prazer possível por medo de ficar em desvantagem. Mas se a esperada catástrofe não acontecer, a pessoa induzida à "experiência dos sentidos" pelo medo do desastre terá de encontrar outras justificativas para isso, além da sua cegueira e da pressa exagerada em acreditar em tudo o que os profetas anunciam. Muitos desses profetas modernos mal têm conhecimento das conseqüências que provocam; ao mesmo tempo, eles se queixam da destruição moral que eles mesmos provocaram, porque se esquecem de revelar os caminhos que poderiam libertar os seres humanos de uma suposta condenação. Também neste caso, é a incredulidade que determina a dificuldade de amar, pois só a capacidade de amar poderia superar o medo do fim; esse medo aparece quando o homem procura adaptar-se ao papel de criador, entregando-se à loucura de achar que pode viver dependente da própria força e determinar o rumo do mundo — sem levar em conta o amor que o trouxe ao mundo, que o mantém aqui e que pode chamá-lo de volta a qualquer momento.

Com a exagerada ênfase nos casos extremos e sua apresentação distorcida como algo supostamente comum, segundo a massificação da mídia moderna, nós nos esquecemos de que a maioria dos homens têm como objetivo uma vida estável, mesmo que em constante mutação; a maioria dos homens ainda hoje acha mais significado e realização nisso do que no desmoronamento e na fragmentação da vida em virtude de dúvidas perturbadoras e impulsivas, que servem para camuflar essa sua incapacidade de amar e o sofrimento causado por essa incapacidade. O medo de não obter amor que baste facilmente leva a pessoa a insultar os que estão cumprindo o destino deles, satisfeitos porque sua união amorosa possibilita crescimento, desenvolvimento e amadurecimento.

## *Saudade*

A recente opinião antiintelectual e criticamente antipsicológica sobre o amor torna-se mais compreensível se analisarmos alguns exemplos simples. Com freqüência, ouço a queixa de pessoas aborrecidas e decepcionadas que se deram ao trabalho de ler um dos muitos livros existentes no mercado sobre como conseguir maior felicidade sexual. "Há centenas de páginas sobre tudo o que é anormal ou doentio, mas nada que poderia me ajudar!" Ou então, "De que me adianta toda essa lengalenga técnica sobre 99 posições diferentes, aparelhos destinados a aumentar o prazer e outras baboseiras? Não sou nenhum engenheiro do erotismo. De amor, o livro não continha nada!" Não é por acaso que os pesquisadores internacionalmente conhecidos dessa matéria, Masters e Johnson, sempre advertem em suas recentes publicações contra o desconhecimento unilateral desse lado "técnico" da sexualidade e acentuam o significado do relacionamento íntimo, emocional, dos parceiros; para muitos pesquisadores sexuais de orientação técnica, deve ser uma amarga decepção quando ele se orientou pelo adestramento no que se refere a mudanças de comportamento. A sexualidade se fragmenta inapelavelmente enquanto houver falta do relacionamento. Essa solidão a dois, contudo, é mais difícil de suportar, porque é constantemente confrontada com esperanças e expectativas desfeitas. Por que, então, procuramos a proximidade, o calor e o amor de outra pessoa? Por certo, o primeiro passo está na maior parte das vezes associado às primeiras experiências "sensuais" desse tipo. No paraíso do bebê e da criancinha, sente-se a união inseparável (simbiose) que define a experiência de calor humano, de alimento, de prazer e de proteção na vida adulta. Esta se perde na primeira experiência de separação da mãe e de divisão da unidade anterior composta por mãe e filho; mas a saudade dessa união permanece. O primeiro passo de uma união com outra pessoa, sua proximidade, seu calor e seu amor reanimam essa saudade e experiência. Ambas as coisas se tornam a força instintiva do amor, mas somente quando a expectativa não se restringe unilateralmente em receber e conservar. O amor adulto exige bastante reciprocidade, seja qual for a parte da complementação que caiba a cada indivíduo.

Mas se a saudade infantil de uma união inseparável se mantiver muito forte, a ponto de a duração da união ser ameaçada e não se suportar uma separação, aumenta conseqüentemente o medo de não conseguir manter o que (inconscientemente) se quer preservar. Num relacionamento maduro, seria insensato pesquisar qual dos dois parceiros "lucra mais com a relação" — não só no que se refere à experiência sexual. O medo mais freqüente que ambos os sexos têm — o medo de se decepcionar — tem dupla direção: o medo de não "ser suficientemente bom" para o outro, de não conseguir satisfazê-lo emocional, material e também sexualmente, mas ao mesmo tempo o medo de não receber o suficiente do outro. Naturalmente, esses medos são ativados primeiro no âmbito sexual, porque ambos os parceiros, por uma falsa delicadeza, não falam francamente sobre o que lhes faz falta ou sobre o que temem perder. Quanto maior a tensão provocada por essas supostas expectativas frustradas, tanto mais difícil será resolvê-las de forma ajuizada. Por certo, a tipologia unilateral da moderna "educação sexual" contribui, com sua cega ânsia de esclarecimento, para que sejam negados ou excluídos os conteúdos centrais de toda a sexualidade: a capacidade emocional de amar, que assim é distorcida a ponto de tornar-se irreconhecível. Isso corresponde à separação entre o impulso sexual e o ideal de uma civilização superintelectualizada, que leva à "cerebralização", enquanto a expectativa de experiências, separada da realidade, se prende a imagens idealizadas, à cuja realidade um parceiro nunca poderá corresponder.

A sexualidade não é apenas, como os modernos técnicos da sexualidade querem fazer acreditar, uma "função" tal como, por exemplo, "o banho no sábado à noite" — o banho deveria ser tomado com mais freqüência para que a proximidade continuasse suportável —, porém, ao contrário, nessa função torna-se reconhecível qual a situação dos dois seres humanos que se unem "um ao outro". E isso não dá certo sem um "contrato" psicológico, como também não dá certo sem uma constante renovação, análise e adaptação do mesmo devido a um relacionamento sempre em mutação.

## Contrato Psicológico

O que se quer dizer com "contrato psicológico"? Com toda a certeza não se trata da fórmula confortável: "Você tem de me aceitar como eu sou!" A tradição de se fazer um contrato nupcial ainda persiste até os dias de hoje no oeste e no centro-oeste dos Estados Unidos. Ele não se restringe a conteúdos materiais. Trata-se principalmente de levar a sério as fórmulas do casamento religioso traduzidas para a importância da convivência diária. A disposição de contribuir para o sucesso da união, a disposição de reconhecer e ajudar o outro nos dias favoráveis e desfavoráveis, quando um dos parceiros já não tem força para superar os obstáculos internos ou externos, a disposição de perdoar os erros e enganos e de se preocupar com o amadurecimento e a mudança recíprocos, sem procurar apenas os próprios, a dedicação amorosa para o outro — tudo isso e muito mais são os ítens desses contratos antiquados. O apego a essa tradição fica mais compreensível se pensarmos um pouco nos imprevisíveis desastres da natureza deste continente, aos quais os homens podem estar sujeitos a qualquer momento. Por certo esses contratos não podem deter o número crescente de separações nas cidades grandes, bem como nos outros países, mas talvez isso ocorra principalmente pelo fato de esses contratos muitas vezes não serem respeitados por uma das partes, a ponto de não ser mais possível uma mudança conjunta, o que cessa o desenvolvimento. Também isso é devido muito mais a causas sociais do que a causas pessoais: por exemplo, quando a mulher, unilateralmente, exige cada vez mais vantagens materiais, rotulando o marido de "provedor", visando saqueá-lo. Esse efeito pode acontecer de forma inversa, quando o marido, por sua vez, acentua seu papel de provedor, para escapar a um relacionamento mais profundo e fugir à força transformadora do amor, na medida em que se refugia no trabalho ou nas aventuras, tentando compensar materialmente a mulher por isso. Neste tipo de solidão a dois, a tentação de atribuir a culpa ao outro é grande de ambas as partes, para assim poder esquecer-se outra vez do pressentimento da existência de possibilidades de desenvolvimento e de energia que não estão sendo aproveitadas.

A isso acrescenta-se muitas vezes, neste momento a identificação totalmente inconsciente — ao menos de início — com os próprios pais, o medo reprimido de que agora se repetirá tudo o que se viveu quando criança ou como adolescente no casamento dos pais. Em vez de se falar sobre isso e aprender lentamente que o parceiro vem de um mundo diverso e, portanto, deve ter uma outra mentalidade sobre a realidade, surge muitas vezes um silêncio longo e duradouro, amuado, em que se juntam censuras, decepções e acusações silenciosas e não expressas. Sem dúvida, de início, uma união e seu sucesso dependem da imagem que cada um traz das experiências do casamento e da família dos pais. Mas não seria a coisa mais fácil do mundo dizer: "Bem, na nossa casa isso era assim... e por isso eu acho (ou temo) que poderia acontecer o mesmo conosco."? Essa simples constatação despertaria a curiosidade do outro para o como e o porquê, além de também, por outro lado, possibilitar sua explicação de como era o estilo da sua família. O romance familiar surge da falsa exigência de ter de transfigurar a infância e juventude para fugir de todas as lembranças dolorosas que não gostaríamos de ver repetidas. Mas é exatamente por meio dessa repressão que esses conteúdos se libertam e atuam com mais eficácia, como um medo proveniente do inconsciente.

A partir desse primeiro passo, não será tão difícil falar sobre todo tipo de melindres e temores, confessando claramente o que achamos que não podemos suportar, para analisarmos as causas dessas mágoas, incapacidades ou expectativas especiais, aprendendo com o outro o quanto elas são unilaterais ou pouco justas. Sempre perguntei a mim mesmo por que usamos as expressões "Não consigo suportar isto..." ou "Isto me dá nos nervos" ou "Isto me faz saltar nos ares", sem analisarmos seu sentido. (Existem por certo fórmulas ainda mais representativas e coloridas do insuportável, mas é exatamente na imagem que se tornam mais nítidos os restos de sentimentos da infância.) Suportar significa agüentar firme, persistir, tolerar; a gente pode fugir ou tentar eliminar o insuportável que nos "dá nos nervos" de forma agressiva. Um exemplo típico parece ser o daquelas pessoas que não toleram o ruído da mastigação do outro (salada de pepinos, batatas fritas, maçãs etc.), mesmo que esse outro mastigue de boca fechada, sem cada vez pensar na sua própria agressividade — na sua "mordacidade".

Uma das regras do contrato de casamento consiste em, antes de culpar o outro, perguntar primeiro a si mesmo onde está em si mesmo o aparentemente insuportável ou o "que dá nos nervos". Quantas vezes combatemos nos filhos os nossos próprios erros, da mesma forma como nossos pais fizeram antes conosco! Por que isso seria diferente numa união em que o parceiro, com toda facilidade, se transforma em substituto para os pais e irmãos, recebendo todas as projeções e o rancor que sempre mantivemos contra um determinado comportamento de alguém? Com isso obrigamos o parceiro a representar um papel para podermos nos livrar desse rancor, se bem que na pessoa errada. O que deixamos de ver, na maioria das vezes, é que estamos lutando contra algo que nós mesmos fazemos ou que não podemos tolerar no outro, embora o suportemos em nós mesmos ou deixemos de vê-lo. Essa dupla medida na parceria continua sendo um perigo, na medida em que não se fale francamente sobre as diferenças ou se procure resolvê-las.

## *Desenvolvimento*

Enquanto todos esses conteúdos e dificuldades puderem ser trazidos honestamente à superfície e esclarecidos em conjunto, a união tem uma boa chance para o desenvolvimento do amor. Na verdade, não é verdade que o amor acoberta tudo ou deixa a pessoa cega. No casamento, o amor educativo representa um grande papel. Se em dado momento os acontecimentos chocam um ou outro parceiro, se eles são reprimidos ou se não se fala mais neles, a dificuldade de amar aumenta a cada dia que passa. No lugar da realidade, que parece tão horrível e cada vez fica mais difícil de suportar — por insatisfação ou devido à raiva disfarçada em amabilidade, e também por tédio —, surgem os sonhos e fantasias de uma vida melhor, possivelmente com outro parceiro ou num mundo totalmente diferente. Essa transferência de culpas, e o disfarce através da fuga para um mundo particular secreto, na maioria das vezes é a expressão da recusa em aceitar as próprias possibilidades de desenvolvimento. As pessoas querem continuar como são, não querem mudar. Em si, isso já é uma violação do contrato de casamento, que só tem validade real enquanto as possibilidades de mudança por meio da mútua compreensão ficarem abertas. A terceira pessoa já está pronta a entrar na relação, está perto da cerca; muitas vezes ela tem as mesmas insatisfações e sonhos de substituir o parceiro, o que já sinaliza de antemão sua falta de vontade de se desenvolver. Basta que analisemos o fato.

Quando um dos parceiros desfaz o relacionamento e arranja um novo par, não adianta a parte abandonada se queixar de ter sido apanhada desprevenida, pois esse resultado era previsível; havia a fuga à possibilidade de desenvolvimento da parte dele, e, além de atribuir a culpa ao outro, ele também fugia a qualquer discussão que levasse a uma mudança de situação. Uma pergunta honesta quanto à futura estabilidade de um relacionamento só é possível quando uma discussão do assunto fracassa devido à negativa e à não-aceitação dos fatos por um dos parceiros; "Isso é pedir demais; não posso aceitar isso... não posso mais acompanhar você..." Assim, as separações por esse motivo podem ter um efeito terapêutico para parceiros cuja união fracassou, mas esse efeito não é obrigatório: muitas vezes, a recusa de se desenvolver permanece tão oculta que por fim só pode expressar-se no plano físico, como uma crescente rigidez ou uma doença provocada por esses conflitos. Mas o mesmo poderia acontecer se a união permanecesse inalterada.

A desgraça tão criticada da mentira quanto à situação de vida por motivos de consideração burguesa convencional, os limites territoriais aparentes de um pseudocasamento falido são o resultado de conteúdos existenciais ocultos que ficam mais "audíveis" no silêncio.

"... À noite eles estão deitados presos ao leito,
e gemem de mansinho,
enquanto seus sonhos transformam a cama e os travesseiros em correntes e ataúdes.
Se andam, se sentam ou se deitam,
eles são dois.
Tudo foi dito. Eles se calaram.
Agora está na hora do amor."

Erich Kästner, *Lyrische Hausapotheke*

O silêncio usado como uma arma contra o outro, usado para evitar o desenvolvimento, transforma-se numa prisão para as duas pessoas. A sexualidade não consegue mais superar o distanciamento e, sozinha, não consegue mais manter junto o casal. A conseqüência lógica disso não raro é uma recaída em formas púberes de amor por si mesmo: a fantasia da auto-satisfação, a masturbação substitui o parceiro — um fenômeno freqüente, cujo bem protegido segredo torna ainda mais difícil esclarecer os mal-entendidos de um amor aparentemente fracassado devido a falsas expectativas.

Num cenário como esse, é questionável até que ponto o casamento corresponde à "essência da comunidade conjugal" tal como é vagamente definida pela lei, e quais são os motivos que ainda mantêm as aparências do casamento para a sociedade. Embora não haja limites para a sexualidade em ambos os sexos — em contrapartida, há falsas idéias sobre o que é "apropriado" em termos de sexo para as diferentes faixas etárias —, a sexualidade não representa o papel decisivo numa união. A assistência recíproca, a disposição de estar presente para o parceiro, a capacidade de compartilhar o que acontece e os sentimentos, a capacidade de estar "unidos" no tempo e no espaço, e isso não só sexualmente, deixam claro que o amor sempre contém a preocupação pelo outro, e não, ao contrário, que o amor sempre implica assistência ao outro; esse engano muitas vezes faz com que confundamos assistência recíproca com o amor, ou os equiparemos. Por certo, a assistência carinhosa de uma enfermeira dedicada e sua simpatia pelo doente contém amor, mas este é diferente do amor pessoal, do "tu e eu", cujo alcance exclui uma terceira pessoa. As várias formas de amor, no sentido bem mais amplo de se abrir e de se entregar a um trabalho, têm um significado diferente, relacionado com a disposição ao sacrifício; no plano religioso, a resposta da criatura ao Criador. A escolha da consciência de irradiar e deixar agir o amor que existia e viveu no seu ser certamente não é vista como um mérito seu. Também aqui são possíveis engano e autoilusões, quando a dedicação ao outro serve à satisfação pessoal ou quando a sexualidade se evidencia por todo tipo de formas substitutivas ocultas, inconscientes. A possibilidade de correção na franqueza de um para com o outro continua a mesma que na comunidade pessoal da vida de um casal, visto que os encontros são inevitáveis na relação entre duas pessoas — com as mesmas possibilidades de transferência e projeção. Só que, no caso da pessoa que se dedica à assistência ou que trabalha num emprego que implica cuidados com os outros, ela pode se furtar à ligação, pois dela não se exige a estabilidade requerida por princípio no plano dos relacionamentos isolados (a dois).

## *Obstáculos*

Na parceria habitual, de forma nenhuma o desenvolvimento da capacidade de amar é tão ideal a ponto de se poder resolver tudo e alcançar tudo com botas de sete léguas. Ao contrário, o processo de desenvolvimento das parcerias assemelha-se às etapas de desenvolvimento do festival da primavera, que expressava a sabedoria medieval da jornada de vida sem palavras e de forma compreensível e executável para todas as pessoas: três passos para a frente, dois para trás; três passos para a frente, e assim por diante. Seria nocivo subestimar a medida dos obstáculos que estão voltados contra o amor em cada parceria. O medo da perda da própria "posição" — no âmbito sexual, o medo da entrega ("medo de perder a cabeça") — faz com que a auto-estima crie fortes obstáculos contra o amor.

Um jogo favorito contra determinados comportamentos da família do outro é um ataque à massa hereditária motivado pelas dúvidas: "Olhe só para ela, sua tia Emma; ou veja o tolo do tio Emil, todos eles são malucos — assim como você" (... não fizeram nada... são tão cabeçudos quanto você... são tão obstinados... rígidos... obtusos... indignos de confiança etc.) A resposta, muitas vezes mais violenta, por causa da humilhação, dificilmente suportável, acontece imediatamente: "Ora, não vamos nem falar no seu Heini, tão esquisito..." A sua família — a minha família (a sua tia, a minha tia, trata-se de um jogo de cartas) — é usada como resistência contra a mudança. Na verdade, os parceiros que se deixam levar por essa querela conjugal deveriam, depois de um curto silêncio, cair juntos numa sonora gargalhada por causa da idéia de querer empurrar a culpa das dificuldades conjugais às pessoas de fora, em vez de solucioná-las entre si. Pois mesmo que os parentes demonstrassem ter alguns erros e fraquezas, isso não justificaria usar a "parentela" como válvula de escape. Infelizmente, a maioria dos parceiros reage com mágoa e sentindo-se ofendida, não tanto pelo ataque à história familiar usada como arma, mas por causa da implícita despersonalização. O outro se torna um impessoal portador de uma "carga genética" que não pode ser determinada com mais exatidão e, assim, perde-se o verdadeiro relacionamento pessoal. A forma de recusa da projeção, um mecanismo psíquico da fase do treinamento higiênico, deve servir como uma autoproteção infantil. Espera-se, através da projeção para fora, para o outro e para a família dele, fugir ao entendimento de que se está tentando fazer exatamente o que se está atribuindo ao outro, ficando assim tão inatacável quanto possível. Para isso, é preciso usar como arma a "massa hereditária", pois presumivelmente não se pode mudar nada numa estrutura genética, assim como não se pode mudar a cor dos olhos. Trata-se de uma defesa por que se quer salvar a auto-imagem e evitar a dolorosa compreensão de que isso não se harmoniza com a realidade que o outro percebe; mas também não queremos perceber quando a mesma coisa é oferecida pelo outro tranqüilamente, como uma nova possibilidade de aprendizado, mas o amor vive de transformação e de conseguir expressar-se. A ocultação, a fuga e a negação tornam a luta para a manutenção da auto-imagem idealizada e falsa, ainda mais desesperada e inútil. Finalmente, o resultado é que tanto um como o outro tenham de provar para si mesmos, e para os outros, que "são a pessoa melhor do casal", um triunfo bastante duvidoso, pois como descer outra vez do pedestal diante de todos quando os filhos, em fase de crescimento, começam a balançar com força esses pedestais. Um marido não é nem diabo nem mágico ou santo, assim como uma esposa não é uma bruxa ou uma fada. Desse ponto de vista, trata-se muito mais de não saber como lidar com o bem e o mal no próprio íntimo e preferir projetar o lado mau no outro. Faz parte do amor tomar conhecimento da nossa capacidade de odiar e de fazer o mal, e reconhecer esse fato.

## O Processo de Aprendizado

A mudança requer uma decisão e uma tomada de posição da nossa parte. Só a fé em si mesmo — o que ajuda a ter uma auto-imagem positiva apesar de aceitar as críticas feitas pelos outros às nossas atitudes — ajuda-nos a sair desse aperto. Isso abrange a disposição de falar clara e abertamente sobre os sentimentos, sem a intenção de magoar o outro, sem intenção de atingi-lo ou de querer se vingar. Esta não é uma atitude fácil de tomar e exige a superação do medo, como também uma diminuição da desconfiança contra o outro. A confiança aproxima as pessoas, enquanto a desconfiança as afasta — muitas vezes afasta tanto que não existe mais nenhuma ponte para superar esse abismo.

Mas enquanto não rastrearmos as causas originais e as fontes da desconfiança com a coragem do confronto e a possibilidade do conflito (em si mesmo, o conflito não é algo "ruim"), não existe nenhuma chance de controlarmos a realidade. Apenas o esclarecimento da realidade poderia ajudar-nos a reconhecer se a desconfiança, causa da separação, está em nós mesmos (talvez motivada por experiências anteriores) ou apareceu devido às atitudes do parceiro, que ele tenta ocultar.

Essa tomada de atitude estável poderia deixar ver onde o parceiro sente uma carência ou insatisfação que antes não teve coragem de contar, mas que a longo prazo faria ir embora, se a situação continuasse inexplicada e imutável. Portanto, nem sempre é tão simples atribuir a causa da desconfiança a um dos parceiros, exatamente porque vale a regra de que é mais fácil ver o cisco no olho do outro do que a trave no nosso.

Para a maioria das pessoas, é uma ofensa irreparável ao amor próprio alguém lhe dizer que elas cheiram mal. Ninguém consegue perceber muito bem o cheiro do próprio corpo. O quanto o sentido do olfato é significativo nos relacionamentos humanos fica visível no modo de falar transposto para o plano emocional: "Aquela coisa não me cheira bem." Trata-se de uma falsa consideração quando o parceiro de vida não fala honestamente sobre o que o perturba desde o início, mesmo que em princípio isso seja muito desagradável. Virginia Johnson, parceira de pesquisas de Masters, expressou a situação muito bem com relação ao âmbito sexual: "Uma mulher que tem dificuldade para atingir o orgasmo e que não dá claramente a entender ao parceiro que precisa de ajuda, não tem o direito de se queixar." Compreensão mútua, conversas esclarecedoras sobre o que está claro ou não "entre" os parceiros, ou sobre o que aconteceu (comunicação = "comunicar-se"), sem medo de sofrer, sem medo da nudez ou da fraqueza, é um pressuposto imprescindível para a intimidade. É claro que isso requer total reciprocidade.

Uma esposa jovem, muito atraente, causou surpresa ao marido voltando do chuveiro totalmente nua, completamente à vontade. O marido, totalmente vestido, não entendeu a situação, não entendeu o maravilhoso convite erótico dessa situação isenta de sexualidade, e apenas tocou o peito da mulher com o dedo indicador, dizendo com desprezo: "Ao menos vista alguma coisa!" Jogada de volta ao doloroso isolamento, a mulher percebeu a total incompreensão do marido em relação a uma descontraída franqueza carinhosa. Ela tentou explicar o mal-entendido e enfatizou que não estava à espera de uma relação sexual da parte dele, mas que estava precisando apenas de calor humano, de proteção e de um amor que a aproximasse dele, e de nenhum modo de uma relação sexual. Ele continuou dizendo que ela havia tentado seduzi-lo e "puxá-lo para a cama". Alguns anos depois o casamento finalmente se desfez pelo fato de o homem dar suas escapadelas mantendo com outras mulheres relações esporádicas de natureza puramente sexual. Ele não conseguiu entender o amor da esposa, da mesma forma que não conseguiu aceitar aquele apelo erótico descontraído, feito pelo amor que ela lhe tinha, pois persistiu no seu impulso de escolher a hora de fazer sexo, recusando-se a manter uma intimidade maior.

O fato de o amor ser um processo de aprendizado que tem anos de duração, fica claro e visível, em primeiro lugar quando obstáculos pertinazes se tornam conscientes por meio de violentas explosões emocionais ou tentativas de fuga, que, no entanto, dão um grande susto quando se percebe a duração da abstenção do sexo e se vê as oportunidades perdidas.

Um negociante quarentão, pai de três filhos, casado há onze anos com uma mulher quatro anos mais jovem, mantendo um casamento aparentemente feliz, caiu na fantasia de que o sexo grupal e a troca de mulheres seria uma saída para a crise da meia-idade que estava se aproximando, ainda não inteiramente consciente. Por fim, ele falou com a mulher sobre o conteúdo da sua fantasia e do seu desejo cada vez mais forte. Ela não recusou essa fantasia, mas tentou participar dela, perguntando-lhe o que ela tinha de tão atraente. Mas a conversa deu em nada porque ele não sabia que resposta dar e teria preferido não falar sobre sua fantasia. Por fim, o homem participou, sem a esposa, depois de longa troca de correspondência, de um relacionamento de dois "casais" que se haviam oferecido para "novas experiências". No meio da atmosfera sexualmente técnica do "sexo em grupo" veio-lhe à lembrança uma cena da puberdade, em que ele praticava a masturbação mútua com meninos e meninas da mesma idade num celeiro. Ele saiu correndo, para espanto e susto do seu parceiro de grupo, definido como "bissexual". No caminho para casa, sofreu um grave acidente de carro que o obrigou a passar várias semanas no hospital.

Somente depois dessa experiência é que ele compreendeu totalmente em que medida ele vira de forma infantil e adolescente seu relacionamento sexual com a esposa, e em que medida ele havia descuidado da mulher e da família, sempre alegando excesso de trabalho para se livrar de suas obrigações. Em longas conversas, a mulher o libertou das perturbadoras acusações que ele fazia a si mesmo e da sua depressão com a suave sugestão de que ambos ainda tinham no mínimo um terço de suas vidas para acertar as coisas. Este foi o início de uma mudança difícil, porém progressiva. Pude acompanhar a certa distância esse processo de aprendizado durante outros quinze anos, inclusive alguns dos dolorosos fracassos, recaídas, e, finalmente, o autocontrole. Esse homem teve a sorte excepcional de ter uma companheira que, quando criança, passara por várias crises na própria família; fora dessas crises, o casamento dos pais era feliz, embora nenhuma tensão entre os pais jamais lhe fosse ocultada. Portanto, conflito e crises pareciam-lhe acontecimentos necessários no processo de desenvolvimento de um casamento. Ela amava o marido e viu sua tentativa de evitar um envolvimento com toda clareza. Mas também sabia que as censuras tornariam mais forte os profundos sentimentos de culpa, tornando impossível um desenvolvimento sadio. Assim, ela também não negava as próprias fraquezas, o que facilitava ao marido abrir-se e confessar as suas, sem ficar com medo de ser menos amado por isso. A comoção interior não lhe permitia mais reprimir as lágrimas, mas a mulher nunca teria tido a idéia de usar o desespero dele para tirar proveito.

Isso parece um conto de fadas: ainda hoje os dois vivem juntos e os amigos desde há alguns anos os chamam de "o casal de pombinhos", mas poucos sabem o que aconteceu há vinte anos, numa outra cidade. Os dois, porém, estão convencidos de que somente naquele momento começou seu verdadeiro amor.

Contra todos os mal-entendidos, certamente é justificável o protesto das mulheres contra a impensada falta de amor do homem, que despertou os seus movimentos de emancipação: parece comprovar-se que um casamento tem poucas chances de êxito se a mulher não conseguir mantê-lo. Não é só em John Steinbeck que se encontra o talvez herético indício do primeiro encontro de Adão com Lilith, a mãe primordial, antes de ele se encontrar com Eva. Harriet Lerner, uma jovem psicóloga expôs recentemente de modo inteligente por quanto tempo os garotos mantêm vivo o quadro dilacerante da experiência interior do seu relacionamento com a mãe e como isso dificulta o próprio desenvolvimento. Essa experiência com freqüência torna mais difícil para os homens aceitar os próprios sentimentos de "fraqueza" e confessar o desejo de apoio, conquanto a maior sensibilidade masculina, sua vulnerabilidade e facilidade de se ofender fiquem constantemente visíveis mesmo que estejam disfarçadas por trás de uma suposta "casca" grossa. (Depoimento de 65 por cento dos homens em posições de liderança, respondendo à pergunta se podiam chorar ou se choravam: "Só choro no cinema ou no teatro, quando está escuro. Muitas vezes eu cairia em prantos, não fosse o medo de a luz acender de repente...") As mesmas pessoas, questionadas sobre quando podiam falar sobre seus problemas pessoais, responderam (75%): "Não posso falar com ninguém. Minha mulher não está presente, não presta atenção ou não me entende, ou quer falar sobre os problemas dela: e meu cachorro sai correndo ou lambe a minha mão..."

O chamado da liberdade e da libertação parece provir da incapacidade de tentar primeiro o que está mais perto, ou seja, libertar o homem que existe em cada mulher, mas também a mulher que existe em cada homem. Afinal, ambos os sexos provêm de pai e mãe, tanto que, apesar das características sexuais diferentes, na substância eles contêm ambos os elementos. O subdesenvolvimento do mundo sentimental do homem muitas vezes se deve ao fato de a obrigação de desempenhar um papel heróico, comum na psicologia da idade da pedra, não lhe permitir aceitar o seu lado "feminino" e desenvolvê-lo a ponto de poder permitir, finalmente, que a mulher tenha e desenvolva o seu lado "masculino", sem medo de perder, seja como for, seu pseudodomínio patriarcal. Muitos homens se espantam, e muitas vezes ficam assustados com a intuição e o sexto sentido das mulheres. Isso caracteriza o lado não desenvolvido dos sentimentos e a falta de intuição dos homens. Mas também não podemos afirmar que eles sejam incapazes de desenvolver as mesmas capacidades, tal como seria loucura admitir, em contrapartida, que as mulheres não podem desenvolver a mesma compreensão e forças mentais do homem.

Sem querer fazer comparações espúrias com a pesquisa do comportamento dos animais (etologia) outros seres vivos parecem estar mais "emancipados" no que se refere à distribuição dos papéis que cabe a cada sexo representar — muito embora por outros motivos. Margaret Mead preveniu, com razão, sobre um falso rumo dos movimentos de emancipação, que poderiam entrar em contradição com um princípio de vida que até agora caracterizou o comportamento humano — o amor.

## CAPÍTULO 5

# Transformação Por Meio da Decisão

*Para nós, a consciência do pecado desapareceu. Viver sem Deus, transformando-se no próprio Deus, é um fato moderno, porque acreditamos que podemos descobrir seus segredos e copiá-los com astúcia científica. Mas persiste uma dificuldade que não se deixa eliminar de forma nenhuma porque ela nos intima, a você e a mim, a amar o próximo como a nós mesmos, com a certeza de que teremos de morrer um dia.*

## Impulsos Primitivos

A mudança, no sentido de um desenvolvimento progressivo do ser humano, não acontece com uma única e grande iluminação que esclareça tudo de um só golpe. O caminho para o inferno é pavimentado de boas intenções e de falsas expectativas quanto ao fato de uma súbita alteração dos acontecimentos ser uma solução. Ter sentimentos de culpa é fácil. Tudo depende do que eles se tornam e das conseqüências que eles acarretam. O amor é a tentativa de mudar a própria pessoa, e não o outro. Não há outro modo de mudar o outro a não ser por meio da nossa própria mudança.

A mais comum queixa dos parceiros de um relacionamento diz respeito a isso mesmo: "Se ele ou ela ao menos pudesse mudar!" A opinião geral a respeito é definitivamente a seguinte: "Como seria bom se pudéssemos modificar as pessoas." Pois saiba que nós podemos.

Por maiores que possam ser as nossas dúvidas, não importa quantos impulsos da "Idade da Pedra" ainda hoje determinam a nossa vida comum, a Terra não se encheu de gente de forma tão inimaginável a ponto de termos de temer uma superpopulação, caso não nos tivéssemos modificado desde então. Isso não exclui o fato de as fantasias de destruição e de eliminação humana poderem irromper outra vez, provenientes da velha "haste paranóica" (Koestler) do nosso cérebro racial. As bombas atômicas só se diferenciam das clavas da Idade Média pelo número de mortes que causam, visto que o impulso assassino é o mesmo, ainda que as motivações posteriormente desenvolvidas pelo córtex cerebral apresentem motivos aparentemente racionais à guisa de desculpa pela manutenção desse impulso primitivo. Nem por isso esses impulsos são mais justificáveis.

Quanto a essa lacuna entre as possibilidades de entendimento intelectual e a forte inclinação da vida sentimental subdesenvolvida, as civilizações baseadas na tecnologia tentam se iludir. O leigo despreparado se surpreende, na maioria das vezes, ao descobrir que a maior porcentagem de crimes violentos (assassinatos, homicídios) acontece entre pessoas que se conhecem bem, bem até demais — que convivem sob o mesmo teto. Ele negará com a mesma veemência que tenha havido desejos de morte ou impulsos assassinos no seu casamento feliz. No entanto, o pensamento raivoso expresso em voz alta ou guardado no íntimo, "Eu poderia matar esse cara (esse idiota)", não é um impulso incomum; temos muita pressa em negá-lo porque nunca mais queremos tomar conhecimento de que ele existe. O pensamento é esquecido, mas também fica livre para voltar sem nenhum tipo de controle.

Em meados dos anos 60, houve uma onda de humor negro, cujas piadas e caricaturas macabras refletiam exatamente esses pensamentos de assassinato, sempre à espreita no íntimo dos homens. Essa forma de humor foi repelida veementemente como de mau gosto, exatamente por aquelas pessoas que não conseguiam admitir esses impulsos, uma vez que a simples existência desse pensamento lhes parecia ameaçadora, a ponto de não desejarem que fosse verdadeiro. As pessoas que ao menos conseguiam admitir essa possibilidade se livravam da ameaça e sentiam alívio com esse tipo de humor. Em geral, a piada engana o *alter ego* com astúcia (controle da consciência) com a satisfatória constatação de que "para comer é preciso esperar a comida esfriar". Se excluírmos a possibilidade da existência do ódio, estamos negando a polaridade oposta do amor. Pelo confronto dos opostos é que surge a consciência de como pode ser importante um relacionamento de amor.

A um questionário sobre o que o ser humano mais precisa no mundo, no ano de 1956, de 2.000 casados apenas 25% responderam: O meu parceiro. Conquanto essa porcentagem mínima estivesse convencida de que uma vida sem um parceiro não ofereceria suficientes possibilidades de desenvolvimento e satisfação, a maioria dos casais achou que o parceiro servia de impedimento ao desenvolvimento pessoal. Entretanto, o que chamou a atenção foi o fato de a maior parte das respostas ter a conotação seguinte: "Sim, ela é ótima para cuidar da casa e dos filhos — e outras coisas do gênero." Ou, "Sim, caso contrário, eu não saberia o que fazer com as crianças." E ainda, "É raro termos oportunidade para um bom diálogo; sempre há coisas demais para fazer." A impressão geral dada por essas respostas é que havia uma espécie de carência ou lacuna que eles não sabiam como descrever de modo claro e conveniente. Essa lacuna só se tornava visível no vazio, o qual, na tensão causada pelo cumprimento das tarefas do dia-a-dia e do trabalho de atender às necessidades, deixa de ser registrado pela consciência, uma vez que a vida em conjunto é determinada pelos limites funcionais da divisão dos deveres, ao passo que o relacionamento pessoal baseia-se na formação de hábitos. A insatisfação e as diferenças, ao que parece, só podem ser expressas a partir de acontecimentos externos, dos quais, por assim dizer, "dependem".

Essa transferência para fora (externalização) de modo algum é um processo incomum de defesa, relacionado com o fato de o próprio comportamento e o tipo de parceria não acompanharem a atitude que refletem. Isso também depende da estrutura espiritual daquele a quem denominamos "eu", e sua realização, naquele a quem denominamos "si mesmo" ser o resultado de um desenvolvimento histórico bastante tardio. Nesse contexto, a superposição dos velhos impulsos e reações instintivos pela função controladora da realidade, bem como a correspondente capacidade de impor o planejamento da vontade, são alvos de muita perturbação, que pode ser dominada pelos impulsos e desejos instintivos biologicamente mais antigos e mais fortes. (Um exemplo clássico é a perda de controle provocada pelo consumo de bebidas alcoólicas.) Além disso, a maioria dos sistemas educativos não superou a ancoragem no esquema funcional de recompensa e castigo, embora este seja usado especialmente para a adaptação àquelas normas sociais que devem ser controladas, por serem impulsos vividos ou admitidos pelos instintos. O grau de consciência, talvez muito mais desenvolvido, muitas vezes se estagna na pré-etapa onde ficam o bem e o mal. Bom, então, é unicamente o que traz mais satisfação e realização, e mau é tudo o que impede ou limita essa realização.

Estamos no início do conhecimento sobre em que medida os primitivos relacionamentos objetivos (a totalidade dos relacionamentos sentimentais e as imagens interiores das pessoas, das atitudes e da atmosfera que envolvem o bebê) influenciam e determinam posteriormente a capacidade de amar desde os primeiros anos de vida até a crise da meia-idade (35 a 45 anos de idade).

As opiniões até hoje válidas, e muitíssimo mal-entendidas, sobre as estruturas de caráter cunhadas desde cedo, e que acham que o caráter seria amplamente imutável, exercem um efeito fatal nos relacionamentos a dois, em que os participantes se baseiam facilmente nesses supostos conhecimentos científicos, visto que, nos ramos da ciência da psicologia e da sociologia, vale igualmente a fórmula do físico Heisenberg, que diz que o resultado de uma observação já é dado de antemão ao observador. A isso se acrescenta que na lida com nós mesmos e com os outros, nos encontramos num dilema de difícil solução. A percepção captada e elaborada pelas funções da razão — e exatamente por essa "elaboração" — é eliminada da esfera das experiências diretas do casal. A experiência está duplamente disponível, ou seja, está no plano da experiência direta do plano emocional e instintivo e, ao mesmo tempo, se afasta dele para o plano das funções da razão, que reflete esse processo. Enquanto no último plano procuramos palavras e conceitos que possam explicar a experiência, no primeiro plano ela acontece no momento e nos deixa atônitos. Também aqui é reconhecível a diferença entre a experiência direta dos sentidos e a posterior classificação dessa experiência num sistema de princípios de experiência, colocados à disposição através da memória.

Assim, a experiência sexual é uma experiência direta de amor transmitido pelos sentidos, para a qual só encontramos palavras numa etapa posterior, que descreve essa experiência e pode ligá-la a outras experiências diretas do amor. Essa situação, bem como a disponibilidade de experiências anteriores, por sua vez reanima a fantasia, o desejo e o anseio pela repetição do ato.

## *Percepção da Realidade*

Exatamente pelo fato de a vida do dia-a-dia estar inevitavelmente ligada a fracassos desagradáveis, a decepções e à necessidade de adiar os planos, parece impossível obter uma satisfação imediata dos desejos instintivos, e não só os de natureza sexual, o que gera uma insatisfação indeterminada que requer experiências compensadoras. Um profissional cujo dia foi cheio de experiências incomuns de fracasso (frustrações) não estará em condições de alimentar no segundo "front" de batalha, ao voltar para casa, novas lutas que redundarão em fracasso. Ele desejará muito mais tirar a armadura, sem precisar ter medo de ser surpreendido por ataques inesperados que lhe causem novos ferimentos. Em contrapartida, a mulher que passou o dia em pequenas guerras com filhos imprevisíveis, com a amolação das compras, a lavagem das roupas e o trabalho doméstico, necessitará de estímulo e também se sentirá vulnerável se, em vez disso, lhe forem adicionadas exigências do marido, como se este fosse mais um filho. A lógica por si só já pediria para ambos os parceiros, quando um depende do outro, se esforçarem para partilhar o fardo que cada um tem de carregar. Infelizmente, essa lógica não ouve aos impulsos reprimidos, frustrados, enquanto os parceiros não aprenderem a amar; mas o amor é esperado como um "presente gratuito que cai do céu" — e, com grande freqüência, esperado exclusivamente pelo outro.

Eis a situação de um homem de quarenta e oito anos, depois de um casamento de vinte e dois anos: Ele se comprometeu a se dedicar a uma atividade nova, que requer horas extras de trabalho, tanto que raramente volta para casa antes das vinte horas. Regularmente, ele encontra a mulher e os filhos sentados na frente da televisão, e é amavelmente convidado a preparar o próprio jantar na cozinha, pois o programa de TV está muito interessante. A tentativa de falar com a mulher sobre o insólito da situação fracassa diante da resposta impertinente: "Eu também preciso de um pouco de descontração à noite." Por fim, o marido desiste, refugia-se no seu ressentimento e vai jantar no restaurante. Aos poucos, esse casamento se deteriora. A "síndrome da televisão" é apenas a gota final de uma longa cadeia de desconsiderações, ligadas ao excesso de exigências não-resolvidas entre os parceiros.

A necessidade de vingança lembra a história do garotinho postado numa esquina num dia frio de inverno. Aos pedestres que passavam por ali ele mostra as mãos roxas de frio, dizendo: "Bem-feito para meu pai se meus dedos congelarem — por que ele não compra luvas novas para mim?" Mas o que ele omitia era o fato de ter perdido suas luvas pela terceira vez. O pai o colocou diante da escolha: ficar em casa ou passar frio nas mãos. O filho também recusou a oferta do pai de ganhar luvas novas fazendo alguns trabalhos domésticos — uma oferta bastante carinhosa de aprendizado.

O mesmo acontece com a reação obstinada num relacionamento: o parceiro tem de ser rotulado de bode expiatório, no qual a gente quer se vingar do prejuízo auto-imposto, só para não ter de confessar que essa birra é uma defesa contra as próprias fraquezas e contra os erros que não se quer que o outro perceba. Aqui também o fracasso do casamento ocorre pela recusa em mudar, provinda de falsas opiniões sobre o amor, e muitas vezes, por excesso de responsabilidade. Por certo, a birra, no sentido literal da palavra, pode passar por cima de cadáveres. O outro terá de ser tirado do caminho, porque somente pela sua presença como testemunho vivo, torna-se ele uma advertência contra a própria recusa de mudar. A tendência de se separar e de tentar a sorte em outro lugar, sem fazer nenhuma mudança interior, é mais freqüente entre os jovens, visto que o tempo que têm para viver ainda parece longo. Mas se conservarem as falsas auto-imagens e avaliações, e se as levarem junto com eles, nada mudará no novo relacionamento dessas pessoas. O tempo e a ação também são trancados como que numa redoma, enquanto a vida, do lado de fora dessa parede, continua a passar: isso é inconcebível.

A percepção da realidade leva inevitavelmente à pergunta: E quem sou eu? As alternativas de futuro só podem surgir a partir do reconhecimento da realidade do outro, o que leva à percepção da própria realidade, sobre a qual, antes, a pessoa se enganava e enganava os outros. Por sua vez, é de novo o medo que dispara esse jogo de esconde-esconde irracional. Quanto mais nós nos idealizamos e superavaliamos, tanto menos podemos nos aceitar em outros âmbitos interiores, tais como de fato somos. Como de certa maneira nos consideramos inaceitáveis, tendemos a ocultar essa inaceitabilidade e tentamos enganar o outro. Isso não é possível a longo prazo, porque essa tendência ao ocultamento deixa todo mundo curioso — é claro que não com más intenções, mas porque um aspecto obscuro, fechado, significa mais incerteza e insegurança numa união; esse relacionamento não pode mais ser mantido com crescente intimidade. A maioria das pessoas fica curiosa numa situação corriqueira quando percebe que algo é escondido num lugar de destaque — por exemplo, um buraco na cadeira escondido por uma toalhinha de proteção, ou um dente da frente quebrado escondido pela mão colocada diante da boca. Todo mundo sabe que o sofrimento de passar por uma desgraça inesperada diminui consideravelmente quando a pessoa implicada confessa abertamente o fato — se possível, de forma bem-humorada. Lembro-me de momentos desagradáveis passados num teleférico numa montanha da Suíça, repleto de esquiadores. Um homem gorducho, provavelmente sofrendo de flatulência devido à mudança de altitude, perdeu o controle dos intestinos um pouco antes de chegarmos à estação de esqui no alto da montanha. Ele soltou uma porção de gases, fazendo um ruído de trovoada. Depois de um momento de silêncio sepulcral, ele "cacarejou" com sotaque de autêntico berlinense: "Alguém ficou ferido?" O teleférico parou sob as sonoras gargalhadas de alívio de todos os viajantes. Já fora do teleférico, as pessoas ainda não conseguiam parar de rir, mesmo porque, devido ao efeito da mudança de pressão causada pela subida demasiado rápida à montanha, muitas delas estavam às voltas com o mesmo problema, tendo se contido unicamente por uma questão de conveniência social.

A constatação franca da fraqueza, do erro ou do engano dá acesso às possibilidades de mudança. A mania de perfeição (perfeccionismo) leva à idéia de que não podemos perdoar nada a nós mesmos — uma opinião que com freqüência paralisa o relacionamento amoroso. Pois, naturalmente, a imagem ideal que nós mesmos tecemos e procuramos oferecer aos outros nunca poderá ser mantida na intimidade de uma parceria honesta. Mas não se trata de uma iluminação ou reconhecimento que nos é dado de uma só vez — isso raramente acontece; e então, na maioria das vezes, provoca grandes abalos interiores. De preferência, esse processo é progressivo, na medida em que nos tornamos capazes de destruir ou de corrigir a falsa imagem ideal de nós mesmos em favor do amor. Isso será tanto mais difícil quanto mais a pessoa ficar presa no seu amor próprio (narcisismo) e teme não encontrar no amor da outra a mesma satisfação que encontra no próprio narcisismo. Não é novidade, mas por certo foi incompreendida e mal-interpretada a sabedoria milenar expressa na Bíblia: "Ama a teu próximo como a ti mesmo." Não se pede mais nada; só uma divisão justa por dois do amor voltado unicamente para si mesmo. E quem haveria de ser o próximo, senão a pessoa que convive conosco num relacionamento — desde que essa ligação seja verdadeira, constituída de reciprocidade voluntária, de liberdade para a mudança e de verdadeira proximidade?

## *Crises da Meia-Idade*

Muitos homens temem mais a intimidade sentimental do que os maiores perigos. Em contrapartida, muitas mulheres gostam de deixar intocado o véu do último segredo, porque não gostam de olhar para o âmago de si mesmas. O que chamamos aqui de crise da meia-idade é a transformação de uma identidade existente antes para uma autocompreensão de outro tipo. Os filhos que continuam a crescer são uma medida de valor inestimável. Mas também num casamento sem filhos, as pessoas tomam consciência da necessidade de mudança ao observar o crescimento dos filhos dos amigos e conhecidos: elas se conscientizam de que estão envelhecendo.

A crise da meia-idade acontece entre os 35 e 45 anos de idade, porque é nessa idade que surge o confronto com a geração seguinte, com os filhos de dez a vinte anos de idade. Todas as nossas experiências e esperanças, bem como as decepções da juventude, voltam à memória e são revividas e inconscientemente comparadas com as experiências dos filhos. Podemos prever, sem correr risco de errar, que a maioria dos casamentos entra em crise quando o filho caçula atinge a maturidade e começa a seguir o próprio caminho. Se um casal não se tiver preparado muito antes para o fato de ter de voltar a contar apenas um com o outro, como era no início, será difícil aprender um novo modo de amar num grau bem diferente de idade e de estado de consciência. De fato, nessa hora, muitos casamentos se desfazem porque a mulher insiste em representar o papel de mãe, deixando de tomar iniciativas e de desenvolver planos para a sua própria vida, caindo numa crescente depressão por sentir que está perdendo. Isso com freqüência leva o homem a fugir, refugiando-se no excesso de trabalho, uma vez que acha que a estagnação da mulher representa uma possibilidade perigosa de contágio para si mesmo, especialmente quando, em última análise, não vê nenhum sentido no fato de matar-se de trabalhar. Desse trabalho ele obtém pouco sucesso e satisfação e, por fim, sem pensar em confessar o fato a si mesmo, percebe que está tentando preencher o tempo, por um lado, porque tem medo do vazio, por outro porque tem medo de voltar para casa e enfrentar uma situação deprimente.

Para ambos os parceiros seria necessária uma tomada de posição franca, séria e oportuna nesta fase do desenvolvimento. Aonde nós chegamos? O que restou da nossa união? Será que não é melhor mudar para que possamos viver juntos e não lado a lado ou em lados opostos? A crescente média de divórcios na faixa etária da meia-idade, e na fase de transição para as fases posteriores de desenvolvimento, deve-se, na maioria das vezes, à falta de preparo. Não obstante, não podemos atribuir a causa somente às doenças psicossomáticas, a várias doenças orgânicas e a processos de desgaste físico ou de envelhecimento, mas também a experiências de perda, esperanças frustradas e à sensação de tornar-se consciente da necessidade de se resignar com os fatos a essa altura da vida. Enquanto o homem se vê às voltas com propostas de trabalho e objetivos, a mulher sofre, exatamente por isso, um maior distanciamento, solidão e a sensação de abandono, justamente num momento em que, inconscientemente, espera a ajuda prestativa e a proximidade do marido para ajudá-la a superar sua crise pessoal. A questão, aqui, é muito menos de tempo do que da intensidade e da autenticidade do vínculo. Muitas mulheres superariam melhor essa crise, mesmo não tendo se preparado a tempo, se contassem com a presença mais constante do homem.

Não se trata da alternativa carreira-ou-família. A renúncia ou insolubilidade do conflito, quando se toma consciência do mesmo dessa maneira, pode provocar não só úlceras gástricas no homem, mas também outras doenças que "o roem por dentro". Sabemos muito pouco sobre os fatores que desencadeiam um enfarte, mas conhecemos bastante os hábitos e as características que transformam uma pessoa num provável candidato ao enfarte do tipo A. No entanto, isso parece depender mais da dinâmica do casamento do que de problemas no ambiente de trabalho. O certo — quando, segundo um consenso geral, descrevemos e definimos o coração como a sede do sentimento e o cérebro como fonte dos pensamentos — é que as idéias relacionadas com o histórico da vida das pessoas podem ter efeito sobre a função desses órgãos, especialmente quando os sentimentos têm de ser reprimidos. A doença, que vem como um sinal sem palavras contra o "ferimento" sofrido e contra o qual não se reagiu, não é incomum, embora se possam passar vários anos antes que se aceite a relação que existe entre o desenvolvimento histórico do relacionamento afetivo, a medida de amor e da dificuldade para amar e as diferentes doenças. A medicina convencional é a que apresenta maior dificuldade para admitir essa possibilidade. Mas acabar-se-á comprovando que, no que se refere aos afetos, sentimentos, estados de ânimo e perturbações de espírito, os processos bioquímicos é que são liberados por esses fatores emocionais, e não o contrário. Os médicos também podem ter dificuldade para amar, e estas não se curam com pílulas ou cirurgias. Mas quando vão em busca dos conflitos da vida e das decepções amorosas de seus pacientes, analisando-os sem o devido preparo, pode acontecer de depararem com algo semelhante na própria vida e experiências, e então, também não o suportarão por não estarem preparados. Para evitar tudo isso, é mais fácil que ambas as partes concordem com um modelo que permita que tanto o médico quanto o paciente excluam a pergunta sobre o sentido da doença, o qual não pertence mais ao âmbito profissional do médico moderno — exatamente o contrário do que acontecia com o velho médico de família.

## *Envelhecer Juntos*

Quando se tem sucesso em construir novas pontes para superar os distanciamentos, que aumentaram ao longo dos anos de luta pela existência e ascensão dos parceiros, com certeza esta é uma chance de prolongamento de vida para ambos; infelizmente, essa chance é pouco usada, porque se desconsidera e se avalia mal a força e o efeito de influências positivas e construtivas, bem como negativas e destrutivas sobre o sistema orgânico. A atual falta de religiosidade torna-se reconhecível pelo fato de a maioria dos contemporâneos (inclusive vários médicos) prometer mais do uso regular de um medicamento do que de uma avaliação honesta e da limpeza completa da paisagem psíquica interior.

A fantasia secreta de que um dia será possível, por meio de instrumentos técnicos, prolongar cada vez mais a vida, corresponde à falta de atenção e à negação da morte. Sem o reconhecimento da morte, os planos de vida seriam destituídos de sentido e intemporais. "O sono é o irmão menor da morte", diz um ditado chinês de mais de 2.000 anos. A inconsciência do sono, a entrega de todo controle do eu desperto durante o sono poderia ensinar-nos, diariamente, como somos regular e suavemente lembrados de que o sono e a perda do eu certo dia serão o passo final para o qual estamos destinados desde o início da vida. Isso exige mais honestidade e a franqueza de um parceiro para o outro, quanto mais nos aproximamos desse ponto do nosso desenvolvimento. Por certo, nós nos deixamos levar e carregar pela correnteza da vida, que oferece inúmeras possibilidades: — a vida nos leva e nos deixamos levar porque o processo de controle sobre o qual falamos de "boca cheia" nem sempre funciona e se concretiza. Mas acaso todo relacionamento não é um contrato para superar as etapas de vida a dois? Ao menos era assim que dizia o contrato quando as circunstâncias eram totalmente diferentes...

Com demasiada facilidade nós nos esquecemos de que a expectativa média de vida no Ocidente mais do que duplicou nesses últimos cento e cinqüenta anos. Na antiguidade, a fome, as doenças e epidemias arrasadoras causavam a alta taxa de mortalidade infantil. Os homens morriam nas guerras, as mulheres morriam jovens de febre puerperal ou de algum tipo de complicação durante ou após o parto. Viúvos que se casavam três ou quatro vezes seguidas eram um fato comum. O amor conhecia a possibilidade da morte num mundo que não oferecia segurança e eram pequenas as chances de sobrevivência. Como a expectativa média de vida poderia se duplicar se não fosse pelas grandes descobertas da medicina e das ciências naturais? Acaso o contrato de casamento, nessas épocas, era estabelecido para um período tão longo de tempo? Será que em primeiro lugar não devemos aprender a superar as crises conjuntas da meia-idade de forma a não perder o amor nem deixá-lo arrefecer?

A verdadeira posição da sociedade com relação ao envelhecimento e às pessoas idosas pode ser definida como medo de envelhecer (gerontofobia). Não estamos longe de negar às pessoas mais velhas o direito de amar. Não é somente em muitos asilos que surge uma onda violenta de indignação quando duas pessoas reconhecem abertamente o amor de um pelo outro, ou até mesmo a sexualidade. Isso logo é catalogado como escândalo, como se a pessoa a partir de determinada faixa etária não passasse de um castrado, de uma espécie de artigo inútil da sociedade, que deve ser jogado no lixo como automóveis no ferro-velho. Como se não existissem lembranças, nenhuma história, nenhuma possibilidade de olhar para trás a fim de aprender com o passado, como se tudo tivesse de ser novo e todo velho não passasse de ruínas prontas para a demolição.

Os filhos, até mesmo na idade adulta, sofrem da ilusão de que seus pais têm de ser seres assexuados, para dessa forma fugirem da própria fantasia edipiana e sua posterior repetição. É típico os adolescentes aceitarem que os pais tenham tido relações sexuais antes de eles nascerem, mas que depois não as tenham mais.

O abismo entre as gerações surge a partir do poder narcisista e da mania de grandeza da geração mais jovem, que está convencida de que pode e deve criar um mundo totalmente novo. A visão da velhice transforma-se numa ofensa para essa mania juvenil narcisista e satisfeita consigo mesma, e por isso são cortados os relacionamentos e as possibilidades de haver amor entre pessoas maduras, o que seria absolutamente necessário para mitigar os sentimentos de solidão e de abandono na idade avançada.

O processo de envelhecimento dentro de um relacionamento abre a possibilidade de uma nova visão das ilusões e enganos restantes. O olhar retrospectivo conjunto para as crises da vida que se superou a dois, sem que haja uma recaída nas mesmas brigas, talvez seja o mais difícil processo de aprendizado do amor. Eu me lembro de um casal que tinha mais de sessenta e cinco anos, cujo estabelecimento de limites um contra o outro, provocados por anos a fio de censuras conjugais, chegou finalmente a assumir uma forma tão grosseira que eles viviam totalmente separados sob o mesmo teto e, ao mesmo tempo, um contrariava o outro o tempo todo. Esse tipo de vida tornou-se visível quando cada um fez uma assinatura separada do jornal e um não podia sequer tocar ou ler o jornal do outro, nem recolher a correspondência do outro na caixa do correio. Dentro de casa, quando um entrava num aposento, o outro saía. Os víveres eram cuidadosamente separados na geladeira, e tal como acontecia com o jornal, cada um preparava as próprias refeições, embora fossem tomadas em conjunto num silêncio sepulcral; cada um parecia ficar ocupado com seus próprios pensamentos. As conversas limitavam-se a uma espécie de sinalização quando um entendimento era imprescindível. Todas as chances de uma realização conjunta na velhice, como consideração, análise retrospectiva dos fatos, intimidade e paz no coração haviam sido perdidos. A morte veio como uma libertação. O homem, mais sensível, caiu em depressão com a morte da mulher e, finalmente, morreu de câncer no pulmão.

No entanto, separações trágicas e tragicômicas de casais não acontecem apenas na velhice. No caso que acabei de mencionar, a mulher nunca tinha podido perdoar ao marido sua vã tentativa de se separar, fugindo a um casamento fracassado, contraído há décadas. É que ela não podia admitir que essa tentativa de fuga do marido antecipara-se à própria tendência, francamente confessada, de ficar com um homem consideravelmente mais jovem, fato que havia magoado demais o marido, um talentoso e sensível cientista espiritualizado: ele não pôde superar essa sua mágoa.

A predileção de homens idosos por mulheres mais jovens, da mesma idade ou mais novas que os próprios filhos — não é raro que isso aconteça num relacionamento professor-aluna professora-aluno —, é definida pela voz popular como uma "segunda primavera", na qual um tipo de pânico de ordem sexual ou um aumento passageiro da libido tornam-se visíveis. No entanto, as causas são muito mais complexas. A instituição do casamento burguês não foi criada para uma expectativa de vida de mais do que setenta anos. E, na classe média, ainda no início deste século, a idade para os casamentos era mais tardia do que hoje, devido a razões socioeconômicas, ao contrário do que acontecia no início do século XIX. O papel da mulher era tão bem definido que ela precisava negar continuamente a própria sexualidade. De acordo com a opinião geral, a sexualidade depois da menopausa era considerada "inadequada" — um consenso que continua ainda hoje, embora isso seja biológica e fisiologicamente falso. Essa opinião foi determinada pela idéia de que a reprodução da espécie, a geração da prole, era a missão principal da sexualidade; assim, ela é definida pelo estabelecimento de motivos religiosos do casamento; desse modo, a capacidade de dar à luz e a formação dos filhos passou a ser o conteúdo central da vida da mulher. Além da menopausa, essa capacidade biológica cessa e, com isso, segundo a concepção antiga, a mulher perdia seu significado, ao passo que a capacidade reprodutora do homem se mantém até uma idade avançada.

Lembro-me de uma consulta em que uma mulher de cinqüenta e dois anos me veio pedir conselhos devido a dificuldades que tinha com a nora. Foi fácil perceber que ela temia, principalmente, que o filho fosse prejudicado pelas exigências sexuais da nora. Ao interrogá-la sobre a própria vida sexual, ela caiu em prantos. No diálogo mais prolongado que mantive com ela, contou-me que, durante uma reunião com amigas de escola da mesma faixa etária, ouvira pela primeira vez como estas gozavam o intercurso sexual com os parceiros depois que se haviam livrado das regras mensais, "porque, finalmente, não é mais preciso ter medo de engravidar". Afirmações do tipo "eu me sinto livre" e "por fim temos uma nova vida de intimidade" ou "nunca fui tão feliz em toda a minha vida" a haviam deixado completamente irritada, visto que seu marido, cinco anos mais velho do que ela, havia se afastado dela com a explicação de que na idade deles o intercurso sexual "não era mais apropriado", já que não poderiam mais ter filhos. Mas ela achara especialmente irritante o fato de o marido lhe contar como sua fantasia sexual era estimulada com a visão de mulheres mais novas, sem sequer tomar conhecimento de que, ao dizer isso, a estava ofendendo. Depois de várias horas de aconselhamento conjugal com ambos os parceiros, o problema se resolveu. As dificuldades com a nora desapareceram, pois compreensivelmente haviam surgido da projeção da própria inveja sexual inconsciente. Comprovou-se que o homem não fazia a mínima idéia de que, depois da menopausa, a sexualidade da mulher se mantém inteira.

Esses acontecimentos se devem à falta de diálogos francos, e não são raros. Um técnico de quarenta e nove anos me procurou por ter descoberto que sua esposa, de quarenta e oito anos, se masturbava secretamente à noite, quando pensava que ele estava dormindo. O motivo de sua indignação estava no fato de que ele mesmo — como me confessou envergonhado, depois de alguma hesitação — também "se masturbava" porque acreditava que a mulher "não queria ter mais nada a ver com o sexo". Quanto mais os dois viviam lado a lado mantendo falsas idéias sobre o outro, tanto mais difícil e tensa estava se tornando a vida no lar, o que acabou influenciando a vida profissional do marido. Ambos os parceiros não conseguiam arrumar coragem para falar abertamente dos seus desejos sexuais, sobre os melhores modos de satisfazê-los ou sobre os principais pontos erógenos, apesar de terem tido cinco filhos e terem mantido um relacionamento conjugal regular durante a juventude. Somente o desabafo franco, de início muito hesitante e disfarçado de ambos os parceiros, trouxe à tona que ambos careciam dos conhecimentos básicos sobre a ajuda sexual que podiam prestar-se mutuamente; ambos se mantinham em silêncio por terem medo de que o outro considerasse esses desejos e fantasias sexuais "inadequados". Ambos haviam considerado a masturbação secreta muito desagradável.

Também aqui fica comprovado que, na maioria das vezes, as necessidades de expressar os desejos sexuais provêm da dificuldade de amar, porque nunca surge um diálogo franco por medo e pelo fato de o assunto ser doloroso. Contudo, uma conversa franca poderia esclarecer a necessária transformação do relacionamento. Certamente, nos últimos anos, e graças à influência da "revolução sexual", muita coisa se modificou e chegou-se a uma melhor conscientização dos problemas. A ênfase isolada dada às "técnicas" sexuais, no entanto, e o aumento de produtos afrodisíacos, em grande parte ineficazes, bem como a comercialização do sexo, assustaram tanto as pessoas mais idosas, principalmente por causa de idéias diferentes sobre comportamento sexual e sua permissividade, pois elas não crêem que sexualidade e amor possam ser vividos separadamente um do outro, o que parece ocorrer no crescente processo de confusão emocional que acontece entre muitas pessoas mais jovens.

Além disso, o processo de aprendizado do amor oferece mais possibilidades na velhice. Ambos os parceiros tiveram a oportunidade suficiente de, durante longos períodos de convivência, fazerem correções na própria imagem; além disso, a opinião sobre o outro ficou mais realista. Sabe-se o que esperar do outro e de si mesmo e sabe-se o que seria considerado um excesso. Também o fato de o outro ser diferente é amplamente aceito, mesmo que às vezes por meio de sofrimentos. Assim, é possível entrar num acordo quanto ao que resta de vida no futuro. Os filhos cresceram e vivem a própria vida. Eles se transformaram em hóspedes de cuja vida só nos cabe participar na medida em que eles o permitirem. É claro que então vemos quantos erros cometemos no casamento e na criação dos filhos, e os vemos com muito mais clareza em nós mesmos; também neste caso seria errado querer combater nossos erros, que vemos repetidos nos filhos, e seria errado intrometer-se na vida familiar deles, na medida em que nos associamos aos netos contra os pais. Isso apenas acarretaria uma vida de substituição, de segunda mão, e facilmente levaria à evitação de novas atividades surgidas no casamento.

Muitas mulheres, obviamente, não gostam de ter o marido aposentado sempre em casa, depois que se acostumaram a uma rotina doméstica que, aparentemente, exige que a limpeza doméstica seja toda ela feita no período da manhã. Conheço uma porção de senhoras que, com inconsciente inimizade, põem em atividade o aspirador de pó, as vassouras e esfregões exatamente no lugar em que o marido, ainda lutando contra a crise interior da aposentadoria, quer descansar para, finalmente, ler uma revista ou livro cuja leitura vem adiando há tempos, ou dedicar-se a um trabalho manual. Em muitos trabalhos de faxina e outros horrores do trabalho doméstico, existe um inconsciente ato de vingança, e com freqüência também de inveja, visto que apenas a "dona de casa" ainda não consegue chegar a esse estado de "descanso", uma vez que continua a tratar o dono da casa como um pachá. Em contrapartida, conheci alguns homens que aprenderam a cozinhar, na maior parte das vezes com paixão, sem nunca terem o sentimento de que estavam mergulhando em "atividades femininas". Os paradoxos do casamento de toda uma vida estão no fato de ambos os parceiros se terem movido durante muito tempo, em sonhos e ilusões, de como seria bom não ter mais de ir ao trabalho todos os dias, embora sem fazer planos concretos para esse período e sem se preparar a tempo para as mudanças inevitáveis no relacionamento pessoal. O que nossas instituições sociais oferecem desse ponto de vista como aconselhamento aos casais é lamentável, apesar de na Alemanha esse atendimento ser bem melhor do que em vários outros países. Isso se deve, provavelmente, ao fato de o amor ser considerado um conceito idealizado, abstrato, sem tradução na moeda corrente dos pequenos passos em situações concretas e sem enfatizar repetidas vezes que se trata de um processo de aprendizado para toda a vida; para ela, deveriam ser apresentadas possibilidades intelectuais de ensino que seriam totalmente diferentes dos "cursos populares de culinária em nível superior". Aqui a palavra "superior" aparece como um remanescente de tempos antigos, em que a crença errônea de que "saber é poder" continua sendo mal usada para eliminar quaisquer complexos de inferioridade.

## *Força Maior*

O amor pessoal no relacionamento a dois é a densificação de uma capacidade humana, que em forma bem mais ampla conseguiria encontrar caminhos para a eficácia, caso não nos gabássemos desumana, arrogante e "cientificamente" de que nossa vida em comum pode ser dominada apenas pela ciência, como se não existisse uma diferença entre sabedoria e ser, e como se o último só tivesse significado se fosse mensurável por meio de medidas e ponderações estatísticas. Em época nenhuma o amor foi mensurável; sua determinação de ser é por isso mesmo infinita, visto que não seríamos capazes de vivê-lo, recebê-lo ou dá-lo se antes não nos tivesse sido dado de presente sem que nós o percebêssemos.

Lembro-me de um momento especial da minha vida, quando eu era um jovem médico e compreendi que tudo depende de tornarmos essa grande força, que dá esperança à nossa existência, visível e perceptível. Mantive um diálogo com uma jovem mulher e mãe que havia perdido o marido na guerra; conversamos durante várias semanas sobre as dificuldades e conflitos da sua vida. Pouco antes do encerramento de nossas consultas, ela me relatou um sonho: numa conversa comigo, ela percebeu atrás dela uma luz que se tornava cada vez mais clara, que parecia atravessá-la até finalmente desaparecer e apenas restar diante dela a paisagem inundada de luz. Em nenhum dos diálogos anteriores tinha-se falado de Deus ou de religião. Nossos encontros terminaram logo depois dessa experiência. Mas, para mim, ficou claro o quanto a pessoa que tenta ajudar, seja de que modo for, só pode ser instrumento daquilo que se torna visível e perceptível quando assume um papel de mediador para o qual foi escolhido pelos outros, e quando não dá a si mesmo uma importância maior. Por certo, isso pode constituir-se num fracasso em algum ponto do tempo, por várias causas, que podem estar na cegueira de percepção ou na superavaliação do próprio significado, e até mesmo no uso de determinadas "técnicas".

Nesta época turbulenta, nossa capacidade de compreensão é tão pequena que aumentamos constantemente as dificuldades de amar. Criamos resistência ao amor ou fugimos dele por medo de não poder cumprir suas exigências ou por medo de ser dominado por ele. A fantasia onipotente da imortalidade, alimentada pelos resultados das ciências naturais e pelo mito do crescimento socioeconômico, faz com que esqueçamos como o amor e a morte estão intimamente inter-relacionados. O medo de ser subjugado pelo amor é semelhante ao medo da morte, porque uma parte da nossa pessoa teria de se entregar ao amor, o que seria o mesmo que "morrer", porém sem perder a vida, como tememos. Cada uma dessas respostas ao amor segue um processo de transformação que torna a juntar partes da identidade anterior sob outro princípio de ordem, determinado pelo amor. Nossa resistência contra esse efeito magnético representa a nossa real dificuldade de amar, porque gostaríamos de manter a imagem que formamos de nós mesmos, e do mundo, para ter a maior segurança possível e evitar o sofrimento. É verdade: o amor renova, só que essa promessa é mal-entendida por muitos, como se eles tivessem de ir buscar sempre outra vez o amor nos outros, para poder fugir melhor de si mesmos, enquanto o amor significa uma renovação pessoal interior.

Henrik Ibsen, no seu tão pouco entendido e pouco encenado drama *Peer Gynt*, do início do século, apresenta a figura do "apertador de botões", pois Peer Gynt, que foge de si mesmo por todo o mundo, se vê por fim diante de uma encruzilhada. O simbolismo dessa imagem, que anuncia que ele remodelaria Peer Gynt na próxima encruzilhada se este não voltasse a si parando de fugir, é pouco compreendido, tal como a figura de Solveigh, que fica à espera, pois ambos representam a intemporalidade do amor. Romancistas e poetas por certo contribuíram muito para a idealização do amor, a ponto de ele se tornar para muitos o mais alto ideal; esses homens têm dificuldade para reconhecer que o amor se torna muito mais visível nos acontecimentos diários, nos gestos, ações ou omissões. O velho costume de juntar moedas em cofrinhos para comprar os sapatos dos noivos é uma advertência eficaz de que a vida e o amor são feitos de pequenas coisas. De nada adianta ter uma nota de mil marcos quando se quer tomar o metrô para percorrer apenas quatro estações. Com as grandiosas declarações de amor acontece o mesmo, porque ninguém pode comprar algo com elas; é mais importante ter o troco adequado para pagar pela passagem do pequeno trecho que se quer percorrer. No amor, uma oferta de mil marcos desperta a suspeita de que se quer viajar de graça, justamente por não termos as moedas necessárias para chegar ao objetivo previsto naquele momento.

A ousadia do amor está na vida cotidiana e no fato de não sabermos antes, com exatidão, o tamanho do percurso a ser percorrido e o que será necessário para chegar a esse objetivo. Assim, a vida em conjunto se transforma facilmente numa espécie de ritual de hábitos que deve conter o mínimo de surpresas possível. A queixa mais freqüente em muitas parcerias é o tédio, porque tudo parece ser sempre igual. Mas, raras vezes, um dos parceiros tem a idéia de fazer algo inesperado, sempre com medo de que isso possa perturbar o outro por se ver arrancado subitamente da roda dos costumes comuns. Mas há um outro motivo inconsciente para esse tipo de "amor por hábito": os desejos são conservadores, mas também de difícil controle, e provocam mais medo quando ficam incontroláveis. É por isso que nos damos por satisfeitos por termos encontrado um sistema de canais e de válvulas de escape que possibilitam a satisfação de nossos impulsos sexuais sem termos de correr um risco especial. Mas esse mesmo esquema pode se vingar, na medida em que então surgem fantasias que causam insatisfação e desorganizam inesperadamente a rotina dos hábitos assumidos. O mais estranho nesse fato é que nos sentimos mais seguros quando conseguimos controlar nossas necessidades instintivas a partir da consciência; porém, isso contradiz a realidade, ao menos no âmbito do amor e da sexualidade. A estreita ligação entre amor e morte é expressa assim pelo fato de que, no momento de nossa maior excitação e prazer sexual, perdemos momentaneamente o controle da nossa consciência. É isso que muitas pessoas temem, porque acreditam que têm de se "controlar" constantemente. Essa capacidade de se perder inteiramente na entrega — como a voz do povo diz com acerto: perder a cabeça —, de, portanto, perder a razão controladora, de apagar o cérebro, só pode se desenvolver convenientemente quando de fato "temos" o controle de nós mesmos. Quando não se desenvolveu suficiente autoconsciência (força egóica), o medo de perder esse pouco é tão grande que a pessoa tem de se assegurar conscientemente da própria presença ainda existente e intocada. Não podemos nos deixar cair no gostoso desmaio do êxtase total através da experiência do amor e do sexo. O cérebro vigia constantemente o coração por medo de que, caso contrário, não possa mais reencontrar o eu perdido e a fraca identidade. Trata-se do medo da destruição, que se torna claro assim que a força e a violência do amor são verdadeiramente experimentadas.

Esse medo parece ser maior nos homens do que nas mulheres, porque a tendência no homem de dividir e separar sentimentos e pensamentos é inclusive fortalecida pelo sistema cultural. As mulheres também vivem a união com seu corpo de outra maneira, mais intensa, que a maneira do homem, voltado primariamente para as zonas erógenas do seu órgão sexual. A queixa mais freqüente das mulheres é o desconhecimento dos homens sobre seu modo de sentir e de viver. Isso se relaciona principalmente com a impaciente pressa de penetração de muitos homens durante o ato sexual, que em fantasia se antecipam à realidade e consideram uma penetração lenta e cuidadosa; uma atenção carinhosa à sensibilidade emocional da mulher para o amor, como uma preliminar desnecessária e um desvio inútil da finalidade, pois querem conseguir a satisfação do desejo sexual da forma mais direta possível. A uma berlinense ingênua agradeço a descrição crítica mais pertinente da sua experiência: "Com meu velho é sempre a mesma coisa: entra-sai-entra-sai; não consigo acompanhá-lo!" Não existe resumo mais curto dessa experiência. Mais mulheres do que homens gostariam de admitir têm a mesma queixa. Essa tendência a separar o ato sexual do resto da vida em comum parece ser uma atitude para a comodidade do homem, pois ele tenta se justificar com atividades, sobrecarga de trabalho e pseudomasculinidade a fim de fugir ao cumprimento do dever conjugal. A observação defensiva de outro berlinense: "Não agüento a gulodice abjeta da minha mulher!" — referindo-se à necessidade dela de receber um beijo carinhoso —, caracteriza o medo que muitos homens têm do carinho. Isso fica mais compreensível quando comparamos a corrente imaginação do ideal dos homens "duros como aço" com seu medo de parecer "fracos", o que muitas vezes é equiparado com a suspeita de homossexualidade; ainda hoje, mesmo que seja errado, predomina o apelido de "maricas" para o homem sensível.

Atualmente, há grande fartura de livros científicos, de literatura médica especializada em sexo e diversos processos de estimulação sexual para homens e mulheres; esses livros refletem os resultados das longas pesquisas de Masters e Johnson e de outros pesquisadores dessa área. Esses dois pesquisadores, bem como vários outros, ainda hoje se sentem na obrigação de apresentar suas conclusões bastante errôneas sobre "técnicas sexuais", obtidas como resultado das suas pesquisas, sem levar em conta o fator essencial de cada relacionamento amoroso, que é a capacidade de amar e de unir-se ao outro. Ambos temiam, com certa razão, que as interpretações errôneas da sexualidade pudessem levar a uma destruição dos relacionamentos afetivos e que pudesse haver mais desumanidade, mau uso do parceiro como objeto sexual e deformidade na capacidade de amar em virtude da "liberação sexual" (libertinagem).

Contra toda a propaganda feita pelos comerciais de objetos para masturbação, métodos de prolongamento do prazer, o uso das mais estranhas posições no ato sexual e técnicas de intercurso oral, ambos os autores acentuaram que a sexualidade não é o "fator principal" de um relacionamento de amor, porém muito mais a capacidade de entregar-se a uma mudança confiável e viva do relacionamento mútuo, profundamente integrado na alma. Isso parece corrigir a ênfase unilateral dada à necessidade pseudocientífica das falsas técnicas sexuais, divulgadas por toda parte com a oferta da manipulação técnica do sexo caso haja dificuldade no relacionamento. Por outro lado, não há dúvida de que grande parte da população sofre devido ao desconhecimento, à inibição e aos mal-entendidos no que se refere ao sexo, o que impede o total desdobramento da sua capacidade de amar; no entanto, ninguém deve acreditar que essas dificuldades possam ser eliminadas por meio de ajustes feitos numa oficina especializada como acontece num carro, visto que não podemos simplesmente separar a sexualidade do indivíduo dos demais âmbitos da sua vida, como se se tratasse de um sistema orgânico independente que não provocasse efeitos sobre a vida como um todo.

Para promover uma mudança na capacidade de amar e uma superação da dificuldade de amar (que pode assumir várias formas, num âmbito mais amplo chegando a transcender o amor pessoal transformando-o em dedicação ao próximo) requer-se muito mais a troca franca de experiências entre casais da mesma faixa etária e o encontro com casais mais idosos do que os serviços de peritos em sexualidade. Com a nossa compreensão atual do mundo, nosso comportamento parece aproximar-se do dos ratos confinados a um espaço limitado. Em Nova York e Chicago, a jornada de trabalho há bastante tempo é chamada de *rat race* — corrida de ratos — com base nos resultados da pesquisa de Skinner com linhagens de ratos confinados a territórios estreitamente delimitados. Ao que parece, não nos estamos tornando mais humanos — apesar da divulgação, farta de palavras, dos ideais sociais da humanidade.

As uniões e as parcerias amorosas estão sujeitas às marés da vida. Nisso também não há nada de novo, pois a vida continuará sendo uma jornada sem volta que vai do nascimento à morte, mesmo que nos últimos séculos esse percurso tenha sido prolongado. Não podemos afirmar que nossos sistemas de educação preparem os jovens para os problemas de desenvolvimento, e a dificuldade de amar, de uma forma que corresponda de algum modo à realidade das experiências que podem ter. Ao contrário, nossa sociedade isola, desencoraja e impede que os jovens se realizem por todos os meios burocráticos, sociais e políticos disponíveis. Esses mesmos jovens esperam que aqueles que, tendo esses impedimentos, se realizaram e não modificaram nada para facilitar sua vida, se aposentem. O mesmo ocorre com o grupo de pais e mães de família, que pela sua luta pela vida e sua disposição para o trabalho, carregam nas costas a sociedade mais idosa cuja expectativa média de vida tem aumentado. Deixamos essa parcela de cidadãos idosos sozinha, em meio à perplexidade de muitos casamentos e problemas conjugais. O sofrimento do controle diário de dificuldades, de início quase invisível, aumenta exatamente nesse grupo que pertence à meia-idade, e eles têm o sentimento predominante de uma insatisfação e abandono indeterminados. Esse fato tinge as atitudes comportamentais. Por último, mas não menos importante, o aumento do consumo de bebidas alcoólicas se torna perceptível devido à resignação, à falta de amor, à depressão e ao desespero velado. Os efeitos sobre a geração seguinte são visíveis. O desejo de uma mudança radical e a violência caracterizam um teor mais elevado de agressividade. Será por incapacidade de amar? Ou por tédio e descomedimento, por excesso de exigências? Sem ter, por certo, culpa pessoal no caso, pois as ofertas do aprendizado do amor são quase nulas.

Se admitirmos os lapsos e experimentos falhos, o remoer de idéias abstratas de formação e de abandono da educação social e da formação do caráter, esse será o primeiro passo que nos permitirá compreender até que ponto nos afastamos das visões sóbrias e da simplicidade do verdadeiro amor, por causa de nossos ideais de poder e de grandeza. Não faz sentido afirmar que o Estado, a burocracia e o mundo do trabalho nada têm que ver com o amor.

Só pode afirmar isso quem entende mal o amor, como um ato isolado, hiperidealizado entre duas pessoas que se envolvem numa ligação de vida para enfrentar juntos os bons e os maus momentos. Essa ligação torna-se impossível, e se quebra, quando não está envolvida na atmosfera protetora de uma consciência geral da necessidade do amor. A própria união do casal pode ser errada quando um dos parceiros, por motivos egoístas de segurança procura segurar o outro no seu nível de desenvolvimento, impedindo a mudança e o progresso por medo de aprender algo novo. O amor não é ceder, ele não é entender tudo, perdoar tudo: mas "ele não busca tirar vantagem, ele não se gaba". Onde chegaríamos se a maximização do lucro dos negociantes, dos donos de firmas não levasse os indivíduos comuns a perder os escrúpulos e pretender explorar os outros para poder cuidar da família? Onde chegaríamos se os políticos ficassem se vangloriando menos das suas ações e intenções? Aonde chegaríamos se a burocracia como um todo se conscientizasse de que seu objetivo não é realizar as próprias metas porém a capacidade de servir e de ajudar? Este será o panorama idealizado por um moralista? Não, nós sabemos disso tudo em nosso cérebro, mas não falamos sobre o que pensamos, porque nos falta coragem para admitir o amor. Assim, o mundo é dos falsos profetas, dos apóstolos do hedonismo e do egoísmo, da mania de grandeza, da destruição e da decadência, da cobiça e da ganância, da vaidade e do tédio. Para nós, perdeu-se a consciência de que estamos pecando por falta de amor. É moderno e esclarecido viver sem Deus e transformar-se no próprio Deus, porque achamos que podemos descobrir Seus segredos com astúcia científica para, dessa forma, imitá-los melhor. Mas persiste a dificuldade que não pode ser resolvida por nenhum desses meios, porque ela exige de nós, de você e de mim: amar ao próximo como a nós mesmos, com a certeza de que teremos de morrer um dia.

## CAPÍTULO 6

# O Que Nós Não Dizemos

*É uma ousadia, neste mundo cada vez mais frio, estimular o amor. No entanto, esse é o único meio de ajudar-nos a nós mesmos e de derrubar os muros que construímos para nos distanciar uns dos outros. O amor não é possível sem fé e esperança, e quem acreditaria que descobrimos essas três virtudes com a nossa própria força e assim as desenvolvemos? Poderíamos viver sem essas virtudes?*

## *Consumismo*

Por trás do muro de proteção que levantamos para nos garantir de vários modos, por trás das máscaras que usamos para enganar os outros e nos tornarmos inatacáveis, tudo o que não dizemos torna-se audível. A cada momento, esse sussurro fica mais alto, na medida em que deixamos de ser o que somos, com todas as fraquezas, erros, medos, vulnerabilidade, ódio por nós mesmos e amor próprio, apenas para fugir do amor, ao qual tememos e pelo qual ansiamos do fundo da alma.

Criamos rituais inteiros de comportamento social e os impusemos aos nossos filhos para evitar qualquer possibilidade de relacionamento direto. Nós nos ocultamos cortezmente e trocamos amabilidades convencionais, embora tenhamos medo de que o outro possa reconhecer e desarraigar nossas inseguranças, nossos sentimentos de culpa e tanta coisa falsa de que temos conhecimento. Criamos formas que nos separam suficientemente uns dos outros e nos garantem o exercício do poder de manter o outro longe de nós: guichês, escrivaninhas, salas de recepção, formulários, trâmites legais — tudo isso tem de ter a sua ordem. Ordem de quem? Não é delicado ser honesto, pois usamos mal até o "manto do amor cristão ao próximo", para "não revelar os erros do outro sem necessidade" — na esperança de que ele talvez faça o mesmo, para que os nossos erros fiquem ocultos para sempre e possamos viver a vida como hipócritas, sem mudar e sem ter de aprender algo novo.

Quem não consegue se abrir não é capaz de amar. Esta é uma frase simples; porém, tendo em vista as várias barreiras que construímos contra os outros e contra a concretização dessa proposição, é difícil se abrir a fim de viver e poder amar.

Mas nós somos gênios inventivos. As normas ideais comercializadas nas telas da televisão, os cartazes no rádio e nos muros das casas nos sugerem, o tempo todo, que não somos nada e que não nos podemos transformar em nada se não usarmos determinado produto, que então, nos transformará em pessoas importantes e dignas de amor. Da mesma forma, em múltiplas variações, dominamos a arte de incrementar o pânico na medida em que avisamos a população dos perigos a que ela está exposta se não incluir no dia-a-dia os efeitos abençoados de determinados produtos que aliviarão seus problemas diários evitando o sofrimento, obtendo uma vida mais longa e alcançando a felicidade eterna. Nós seguimos todos os dias as imagens de sonho de um mundo de ilusão para não ficar atrás dos outros e para podermos concorrer com o vizinho, que talvez se sirva desse tão sonhado produto.

Essa inundação ininterrupta durante decênios, com meios psicologicamente cada vez mais sutis e eficazes de uma propaganda mal-intencionada contra o concorrente, por um lado nos seduz, levando-nos a seguir seus ideais de valor e de reivindicações, para demonstrarmos modernidade; por outro lado, não temos mais consciência do efeito embotador desses *slogans* de propaganda que, constantemente, distorcem e deformam com sucesso a nossa realidade. Isso atinge principalmente a realidade do nosso mundo de sentimentos, que sofre danos, pois muitos métodos de propaganda usam os conhecimentos científicos da psicologia para mobilizar anseios e desejos inconscientes e, quando isso dá certo, também para desenvolver determinada imagem do amor e da sexualidade. Tudo isso muda as nossas expectativas da realidade, a qual, comparada com o ideal de felicidade e de prazer apresentado daquela forma mágica, só pode ser vivida como algo cinzento e decepcionante. Quanto mais desagradável a realidade nos parecer então, tanto mais depressa lançaremos mão dos meios oferecidos para a realização perfeita da vida, como se estivéssemos embriagados, a fim de fugir da miséria.

Porém, essa fuga fracassa, o efeito esperado da mudança não dura e a busca pelas novidades, que devem vir de fora, no início dá certo mas termina exatamente no mesmo ponto. Não importa a quantia de dinheiro que estejamos dispostos a gastar; os valores pelos quais ansiamos não nos caem do céu dessa forma, e não podem ser comprados. Toda prostituta sabe que seu negócio não tem nada que ver com amor, e que, na melhor das hipóteses, representa uma espécie de comércio de troca; contudo, o lucro de ambas as partes é questionável. O amor não pode ser comprado e não podemos impô-lo através de suborno ou de extorsão. Ao contrário, o sentimento de vazio, de monotonia e de falta de sentido se intensifica quando tentamos entrar por desvios e "consumir" o amor através da ilusão e da auto-ilusão. A mentalidade de consumo entrou sorrateiramente de tal forma na nossa vida particular que até mesmo nos casamentos se pratica a prostituição. Eu me lembro de um marido rico que tentou atrair a esposa para um tipo estranho de relacionamento sexual oferecendo-lhe notas de mil marcos. Quando ela recusou — não pela estranheza do desejo sexual do marido, mas pela humilhante oferta de dinheiro —, ele a chamou de burra. Depois de um breve período, o casamento se desfez.

O amor, rotulado como bem de consumo, destrói toda disposição para uma ligação humana. Em muitas cidades, os *sex-shops* parecem ser uma continuação das feiras anuais em parques de diversão, nos quais a "mulher sem barriga" ou "Olga, a mulher barbada" e outras aberrações da natureza são oferecidas por pregões e o público é atraído para ver sempre novas sensações. Muitos se lembrarão do secreto arrepio nervoso de expectativa quando estavam numa dessas barracas de feira anual, mas também se lembrarão do tédio da espera e, finalmente, da decepção graças ao exagero da expectativa. De modo semelhante atuam a pornografia e as atrações sexuais que, com o correr do tempo, parecem insípidas e monótonas pois, sem o contato pessoal com outra pessoa, não existem tantas possibilidades assim para a fantasia. Em algum momento, a sonhada sensação de prazer sexual cai no absurdo e se transforma numa satisfação de fantasias agressivamente destrutivas. O tédio, por fim, toma conta da situação.

## A Força da Ideologia

Naturalmente, a maioria dos nossos contemporâneos vai explicar que eles mesmos não queriam nada disso, e que apenas uma minoria busca fugir atraída pelo comércio do sexo, cuja intensa propaganda visa provocar as necessidades sexuais dos outros e tirar vantagem das mesmas. Isso pode ser verdade, mas não nos livra da pergunta sobre quem é responsável pelo aumento desses movimentos absurdos e pela amável tolerância por eles demonstrada no nosso Estado "juridicamente organizado". O fato de considerarmos "os lá de cima" responsáveis não nos liberta enquanto não ousarmos dar, sem violência, o passo que estabelece um limite claro entre dar amor e dar mimos exagerados, entre firmeza e fraqueza. Enquanto formos "tolerantes", compreensivos e quisermos parecer esclarecidos, apenas para nos adaptar, também teremos de aceitar a prostituição da mulher e o uso da sexualidade para fins comerciais: e, com isso, consentir que esse amor seja equiparado com a sexualidade despertada de modo técnico, que traz ganhos consideráveis ao ser usada para fins lucrativos em muitos mercados. Enquanto estivermos convencidos de que podemos impedir coisas piores adotando uma atitude tolerante quanto às "tradições de válvulas de escape de cunho sexual", visto que uma relação sexual fantasiada é menos perigosa do que a real, não teremos de pensar muito sobre em que medida uma oferta excessiva de modelos fantasiosos de perversões sexuais estimula desejos de imitação ou uma total desistência de tudo o que se refere ao sexo, por asco e, assim sendo, promova a satisfação desregrada dos instintos. Nesses casos, entretanto, a tolerância traz como conseqüência o fato de ninguém desejar ser tão "mesquinho" a ponto de tirar dos outros "a minúscula e duvidosa parcela de prazer que ainda lhes resta". Isso soa como "amor = pão dos pobres"; quem não estiver em boa situação financeira tem o consolo de poder "fugir" por meio da carinhosa e prazerosa união com outra pessoa.

Ao que parece, a confusão da nossa imaginação é formada constantemente por uma série de estereótipos não comprovados, de ilusões e de suposições acerca do amor, provenientes talvez de muitas histórias e de várias épocas da sociedade. Isso mantém todas as "histórias tradicionais" ou "histórias do erotismo no mundo" histórica e geograficamente separados, conforme o nível de consciência da época correspondente. Na nossa visão do amor, tudo isso forma um amálgama jogado num mesmo "caldeirão", como se pudéssemos justificar todas as possibilidades de comportamento erótico pelo comportamento sexual isolado de determinadas culturas e tribos primitivas, ou pelos hábitos dos romanos e as tradições dos esquimós, que então poderíamos repetir no doce conforto do nosso lar. Uma cultura do amor não se desenvolve dessa maneira, como se existisse uma espécie de supermercado que oferecesse os meios para evitar-se o amor graças ao aumento do arrebatamento sexual e da satisfação dos desejos instintivos infantis. Quando antes mencionamos a tendência "polimorfa-perversa" do bebê, não quisemos dizer com isso que se trata de algo terrível, mas do fato observável que os bebês, com suas tendências instintivas descontroladas, conseguem se satisfazer prazerosamente com qualquer parte do corpo, de modo totalmente inocente. O desenvolvimento humano normalmente encerra esse período quando as sensações sexuais de prazer finalmente se concentram nos órgãos sexuais e nas regiões da pele correspondentes, bem como nas fantasias associadas com isso. É claro que o adulto tem as mesmas zonas erógenas que são tão importantes para o bebê, como os lábios, a boca, os olhos, os ouvidos e as nádegas, mas elas perdem o significado, embora possam contribuir para a fantasia sexual. A recaída na exclusividade do uso de uma dessas regiões para a satisfação sexual — designamos por isso de perversão, mais correta e exatamente uma reincidência em experiências sexuais da infância — representa uma fuga para etapas infantis a fim de evitar o desenvolvimento maduro de uma união responsável de amor e de sexualidade.

Muitos fenômenos e meios de ajuda de nossa sociedade, mas principalmente a tendência básica voltada para o prazer menos trabalhoso possível, sem obrigações (propaganda de cigarro: "Prazer sem arrependimento"), estimulam essa fuga para etapas infantis da sexualidade, visando uma satisfação passiva bem como a tendência de servir de "objeto" de satisfação sádica. Hoje nem sequer temos consciência de que estimulamos diretamente essa tendência, visto que, evidentemente, consideramos o amor uma ilusão perdida, talvez porque suas exigências sejam tão difíceis de satisfazer. Ao mesmo tempo, esperamos pelo desenvolvimento de uma nova consciência social e de uma maior responsabilidade das pessoas, assim como da sociedade em geral. Não é por acaso que no mundo anglo-saxão, principalmente nos Estados Unidos, a crítica social, expressa no jargão sexual popular, define o ato sexual com palavras como "It's all screwed up!" (screw = aparafusar, o que, traduzido significa o mesmo que transar) ou de forma mais grosseira ainda, "It's all fucked up!" (*to fuck* = palavra que designa o ato sexual: traduzida para a língua alemã: "Está tudo junto, ou misturado"). A "consciência do povo" encontra as causas com muito mais clareza do que qualquer explicação acadêmica, na medida em que compara a falta de limites definidos, a desorganização dos valores e as impulsivas causas dos desejos com uma confusa e desorientada cena de união sexual. Isso corresponde à realidade de ideologias contrárias em sociedades mistas, pois nem para o capitalismo, nem para o marxismo, o amor tem importância. Ao contrário, ele é perturbador: no capitalismo, para os negócios; no marxismo, para a ideologia, porque um relacionamento confiável a dois imuniza e protege contra a promiscuidade. Seja como for, o amor pode ser avaliado por ambas essas ideologias como "uma passageira fantasmagoria dos sentimentos", visto que não parece ser útil para finalidades políticas. Mas de que amor estamos falando? A pressão social — do consumismo, por um lado, da ideologia, por outro — não se volta somente contra o relacionamento de duas pessoas, porém tenta em ambos os casos substituir um elemento em si indefinido por promessas definidas, que não podem ser realizadas. Na época em que vivia o Papa João XXIII, estava na moda uma piada que esclarecia esse inter-relacionamento. Como costuma acontecer com freqüência, as piadas abordam determinados assuntos (como por exemplo, uma ditadura) que fazem parte do gosto popular. Kruchev perguntou ao Papa João XXIII como era possível a Igreja Católica ter sido tão bem-sucedida durante séculos com suas promessas, uma vez que o comunismo, prometendo as mesmas coisas, e até um pouco mais, só obtinha o fracasso. A resposta do Papa João foi a seguinte: "Nunca prometemos o paraíso *nesta* vida!" Como muitas manifestações de época, a piada não teria importância se não afirmasse algo de que o público tinha consciência. Por exemplo, de 1933 até meados dos anos 50, as piadas sobre psicanalistas faziam pouco sucesso na Alemanha, pois não eram entendidas, ao passo que nos Estados Unidos estavam na ordem do dia. Apenas com o sucesso da psicanálise, nos anos 60, essas piadas ressurgiram e foram entendidas, ao menos pela população urbana, o que deixa bem claro que as piadas e a conscientização dos problemas se complementam mutuamente. O modo pelo qual o amor é avaliado através das piadas torna-se visível no desprezo dos contemporâneos: "Então eu pensei que era amor, mas não passava de um acesso de asma!"

## *Escravos das Máquinas*

A força social unilateral dos opostos intransponíveis faz com que aqueles valores emocionais pelos quais de fato são determinados todos os relacionamentos inter-humanos pareçam insignificantes: a confiabilidade, a confiança, a honestidade e o amor. Em contrapartida, o tino comercial, a maximização dos lucros sem consideração pelos sentimentos alheios, mas também, por outro lado, uma radicalização fanática e um chamado para a revolta popular, estimulam o mesmo em favor do sucesso. Tanto a "direita" quanto a "esquerda" estão convencidas das possibilidades de justificar-se a determinação de objetivos: "Paz para o mundo por meio do comércio internacional." Será que tudo isso serve apenas para resistir àquela velha mensagem que já tem 2000 anos, identificada na História como o fogo e a espada, como a Guerra dos Trinta Anos e como as bombas da Irlanda, com o intuito de podermos, cuidadosamente, evitar que a profecia se cumpra? O mito do amor, como todos os mitos e religiões, terá nascido de uma nostalgia, de um anseio irrealizável e que por isso estabelece como objetivo o mais elevado e inatingível dos ideais, sabendo que a simples realização de uma parte minúscula desse ideal pelo indivíduo já trará uma melhora na situação?

Seja o que for que ainda venhamos a descobrir para escapar, da forma mais bem-sucedida possível, das dificuldades de convivência e do aprendizado do amor, ainda assim restam os inquietantes movimentos de fuga que visam fazer com que escapemos do objetivo que conhecemos; deixamos de ouvir o chamado que se torna cada vez mais alto: a responsabilidade diante da morte que põe fim à nossa jornada pela vida, obrigando-nos ao olhar retrospectivo, mesmo que nos restem apenas segundos de vida, no caso de morte por acidente ou de forma violenta. Medido segundo o desenvolvimento da humanidade, esse período de vida é restrito. Medido pelas eras que compõem o universo, ele não é nada; no entanto, esse período de vida tem para nós, indivíduos, um significado tão grande: ele está repleto de experiências e acontecimentos difíceis de serem lembrados por inteiro, de alegrias, de felicidade, de infelicidade, de sofrimento, de dor, de ira, de rancor e de amor. Talvez tenhamos medo da velhice por termos medo desse olhar para trás e por acreditarmos que as inúmeras oportunidades perdidas não nos deixaram mais nenhuma possibilidade de realização. Quantas oportunidades mais serão desperdiçadas pelo obstinado afastamento e isolamento social das pessoas mais idosas? Poucas comunidades tiveram a idéia de aproximar das crianças as pessoas mais velhas, coisa que estas adoram, em parques de recreação ou em salões de brinquedos nos dias de chuva. Há muitas pessoas em asilos para velhos que gostariam, sem remuneração, de transmitir seus conhecimentos, capacidades e experiências de vida às gerações mais jovens, apenas para continuar ligadas ao mundo e à vida. Nós regulamentamos tudo por meio de prescrições burocráticas rígidas que, no esquema grandioso dos funcionários de um maquinismo estatal enferrujado, deixam os velhos estagnar cada vez mais, destruindo qualquer iniciativa particular animada e repleta de movimentação. É a letra que mata quando o espírito vivo é pressionado a se expressar por fórmulas que contradizem a vida. Também aqui o sadismo inconsciente de muitas autoridades e instituições transformou-se numa força mortal contra o amor, e somente a favor do preenchimento perfeccionista dos itens burocráticos necessários. De início criado para ajudar os cidadãos, o flatulento colosso de instituições controladoras e reguladoras devora não só os frutos do trabalho árduo, mas também sufoca a vida comunitária e a capacidade espontânea de amar das pessoas que sofrem sob a pressão excessiva de prescrições e de obrigações irracionais. As instituições se voltaram contra o público por falta da atenção de alguns que só pensam em si e no que é seu; entretanto, elas se destinavam a ajudar e a dar segurança àquelas pessoas que amparavam; uma série de erros acabou por transformá-las em inúteis instrumentos de tortura. É assim que facilmente nos tornamos escravos das máquinas que nós mesmos criamos e mantemos, mesmo sabendo que elas tornam nossos filhos mais burros, roubam-lhes a alegria de viver, suas iniciativas e a fantasia criativa, a ponto de eles degradarem nossos velhos considerando-os o lixo da sociedade, condenando-os a bem equipadas e lustrosas "latas-de-lixo", cerceando-lhes o direito de ter um ocaso de vida descansado, sempre que pressentem a oportunidade de conseguir maiores lucros — um mecanismo que todas as manhãs nos obriga a uma luta pela sobrevivência em ruas repletas de carros e de gases pestilentos, nos faz viajar como sardinhas em lata nos transportes coletivos e nos deixa esgotados, vazios, incapazes de pensar em outra coisa a não ser numa cervejinha e no próximo crime transmitido pela televisão. Acaso é de admirar que tantas pessoas deixem de acreditar no amor a ponto de duvidar do sentido desta vida, e queiram pôr um fim a esse sofrimento?

## *Apóstolos do Amor*

Onde estão as nossas igrejas que pregam o amor? Onde estão os homens que despertam para a vida, que dão esperança, que indicam caminhos para uma vida nova, que erguem as mãos contra os que querem destruir a vida e o amor e que compram a tranqüilidade de espírito dando uma contribuição módica ou apresentando uma ideologia? Acaso esses apóstolos não somos nós mesmos? "Quem estiver livre de pecado, atire a primeira pedra." Todo grupo, toda organização ou sociedade é tão forte quanto o elo mais fraco da sua cadeia, pois deve agüentar firme no ponto mais vulnerável, dependendo do peso que os outros elos possam suportar. Precisamos de novos apóstolos do amor que não carreguem Deus como se fosse um cartaz de propaganda com a pretensão de o terem descoberto sozinhos e, com isso, terem adquirido o direito de ser mais importante. Precisamos de comunidades em que um vizinho não se limite a falar com o outro, mas em que ambos, junto com outros vizinhos, formem grupos que se sintam responsáveis por outros grupos e questionem o sentido das decisões, conclusões e determinações, não para valorizar a si mesmos ou às suas conversas, mas para aprender como se convive e aprender uns com os outros.

Nada disso é possível sem o estabelecimento de metas, e seria desastroso que esses novos apóstolos narrassem os fatos com nuances falsas e distorcidas, sem poder mostrar, experimentar e viver os acontecimentos. Os antigos apóstolos também não faziam isso. Eram artesãos, pescadores, homens simples que falavam com gente simples sobre coisas simples, que falavam sobre a vida do dia-a-dia, sobre as preocupações e necessidades, sobre o medo, sobre o orgulho, a cobiça, a avareza, a pretensão, a vaidade — e sobre o amor onde este acontecia, onde podia ser alcançado: na ação. Precisamos de homens que estejam dispostos a, se necessário, passar por malucos, porque fazem algo que "nenhuma pessoa ajuizada faria", ou seja, doar a si mesmos, o seu precioso tempo e sua paciência e amor, correndo o risco de serem desprezados, de serem objeto de ridículo e de fracassar. São pessoas como você e eu; não se trata de celebridades, não se trata de enciclopédias ambulantes nem de livros de consulta; é gente que não se envergonha de confessar com toda a franqueza: "Isso eu também não sei; vamos pensar juntos", ou: "Vamos perguntar ao Franz; talvez ele saiba." Precisamos de pessoas que estejam dispostas a dizer: "Sim, eu sei a que você está se referindo, mas não sei se o caminho que encontrei também pode ser o seu caminho. Vamos analisar juntos o que é possível modificar nesse caminho."

Ninguém deve dizer que não existe esse tipo de pessoas. Elas estão por toda parte, mas nós desprezamos o que elas fazem todos os dias. Há o casal da banca de jornais. Todos os dias ambos ouvem centenas de histórias que são contadas pelos que passam, histórias de preocupações, de doenças, de dúvidas, de golpes do destino, de aborrecimentos. Eles não se impõem e, no entanto, com uma palavra aqui, outra acolá, consertam muitas situações, dão consolo e novas esperanças, eliminam o aborrecimento com uma piada. Há a funcionária paciente no guichê dos correios, que explica duas vezes qual o selo adequado para cada carta, e ainda nos ouve contar a história do filho que teve tantas dificuldades no estrangeiro e que logo irá voltar para casa. Há aqueles outros três na fila, que esquecem da pressa e da impaciência porque sentem como é importante para a velha mãe solitária ter alguém com quem desabafar uma vez por semana. Há a viúva que trabalha fora com seus dois filhos, que sabe que sua vizinha não consegue superar a morte do marido e que teme uma velhice solitária. Apesar do cansaço, ela faz um chá e convida a vizinha quando os filhos já foram para a cama. E ambas ficam sentadas em silêncio, sem rádio ou televisão. Elas ficam sentadas bem tranqüilas, até que por fim a vizinha resolve fazer um trabalho manual. Há o eletricista que vai consertar a fiação da sua casa e que já teve de atender a três chamados, a ponto de mal conseguir dormir; e ele ainda ouve quando o velho senhor acaba dizendo hesitantemente, depois de vários circunlóquios: "Você me lembra tanto o meu filho; ele também era eletricista da marinha num submarino." Em seguida, ele vê as fotografias do velho durante quinze minutos e o ouve falar de suas esperanças e tristezas. E este se sente consolado. A vida dele, de repente, ficou mais leve. Mas o eletricista não espera gorjeta; ele sente o agradecimento profundo e comovido no aperto de mão ao se despedir.

Há centenas e centenas de exemplos que acontecem diariamente diante dos nossos olhos e ouvidos — e nós ainda acreditamos que não existe mais amor entre os homens? Será que estaríamos dispostos a dar amor dessa forma cotidiana, sem ter grandes despesas, além de uma pequena contribuição adequada para uma curta viagem? Só quando nós mesmos começarmos a fazer o que esperamos que os outros façam, só quando não nos irarmos com eles ou tentarmos pregar-lhes lições de moral porque ainda não entenderam como essa pequena centelha do amor é importante para a vida de todos nós é que essa vida se modificará. Só quando começarmos a aprender a prestar atenção nas pessoas e numa vida humana, independentemente do fato de se tratar de uma vida nobre ou não, só então compreenderemos a força do amor.

Milênios se passaram, séculos se passaram, nos quais as pessoas mataram, extorquiram, torturaram, exploraram e atormentaram umas às outras — inclusive em nome do Cristo e do Amor —, passaram-se decênios em que Deus se tornou um espantalho e a "providência" foi arrendada por um cobrador de impostos, ao qual muitos seguiam a fim de eliminar clãs e povos. Conhecemos toda a desgraça de temer não receber o necessário, que leva a pessoa a desejar eliminar o outro por ganância e cobiça. Tudo isso acontecia e acontece todos os dias — e, no entanto, existe o amor, e ele por certo não é simplesmente o prazer sexual.

Certamente houve sociedades e povos que desapareceram, cujas culturas sumiram do mundo, sugadas por outros povos, por outras paisagens. Há culturas desaparecidas, de cujos remanescentes e ruínas podemos deduzir a vida e as catástrofes que podem ter causado o seu fim. Nunca houve antes neste mundo a possibilidade de aprender a conhecer a sabedoria e as experiências de várias culturas seculares diferentes, com um mero apertar de botão de televisores ou de rádios, ou através de um esforço maior e mais consciente de leitura de vários livros que nunca estiveram disponíveis nessa mesma medida, e por preços menores do que os preços dos doces populares para grandes massas, tornando-os acessíveis para o estudo. Mas nós nos damos a esse trabalho? Será que temos esse "amor pela causa"?

O amor é justo: ele só nos traz o que nós mesmos estivermos dispostos a investir e, mesmo assim, não como um negócio de troca, mas como uma surpresa. Quanto mais nos sentirmos decepcionados por causa de um esforço amoroso que nos parece inútil num determinado âmbito, tanto mais depressa teremos uma surpresa inesperada em âmbitos totalmente diferentes. Isso não acontecerá sem uma mudança séria no nosso estilo de vida. Essa mudança pode começar por nós mesmos, não pelos outros; ela não deve começar pelo marido nem pelos filhos, pelos colegas de trabalho, pelos superiores, pelos empregados, pelos amigos, conhecidos ou por estranhos. Ela tem de começar por nós mesmos, mas não devemos ter a esperança de mudar o mundo a partir de amanhã — isso não daria certo —, mas com certa curiosidade e receptividade a respeito de como os pequenos passos e mudanças do próprio comportamento serão percebidos, reconhecidos ou entendidos mal. Enquanto nós mesmos não soubermos qual é a nossa meta, enquanto nos enganarmos, enquanto desanimarmos ou renunciarmos, será impossível enfrentar com calma a resistência dos outros contra mudanças apenas parcialmente percebidas; quando nosso comportamento mudar, talvez até possamos reconhecer, por fim, que os outros estão predispostos a dialogar conosco.

Temos de nos proteger da tentação da vaidade, de sermos considerados um ser humano melhor e da tentação ainda maior de desistir, "porque isso não é possível" — porque justamente a resistência, a persistência e o medo de amar em nós são grandes demais. Quem, durante a juventude, praticou corrida de longa distância ou corridas de resistência sabe o que significa um "ponto morto", o qual, conforme o comprimento da distância aparece várias vezes e exige a superação do "covarde interior", como se diz no jargão esportivo e militar. Mas é mais fácil vencer um "ponto morto" puramente físico, superando o excesso de cansaço com o esforço da vontade, do que superar o desânimo mental da corrida a distância. Em ambos os casos é apenas nossa a decisão de resistir ou de desistir. É mais fácil apoiar-nos mutuamente e ter um companheiro de percurso, com quem possamos dividir as exigências de um percurso de longa distância.

## A Ousadia de Amar

Neste mundo cada vez mais frio, é uma ousadia estimular o amor. No entanto, ele é o único meio que pode nos ajudar a derrubar os muros que erguemos para nos afastar dos outros; esses muros acabaram se transformando em prisões e masmorras para nós mesmos, e gostaríamos de nos livrar deles. É claro que a solidariedade é uma meta de aprendizado pela qual vale a pena nos esforçarmos: essa meta é realizável concretamente em pequenos passos que provocam a mudança necessária para a sobrevivência. No entanto, parece que a solidariedade não basta, enquanto esse aprendizado da solidariedade não se ligar com a consciência plena de que a dificuldade de amar se opõe a ela, mesmo que continuemos a negar o significado do amor e a necessidade de aprender a amar. Isso pode parecer antiquado, mas o modernismo não conseguiu mudar nada do milenar desejo dos homens por amor e proteção; descobertas ainda mais modernas também não conseguirão mudar nada.

Só é possível superar uma dificuldade quando a reconhecemos e admitimos a sua presença. São muitos os obstáculos do amor: o ódio, o egoísmo, a ganância, a inveja, o rancor, o fingimento, o desgosto, a cobiça, a vaidade, o ciúme, a burrice e a mentira. Deixar de reparar neles seria uma tola auto-ilusão, pois eles estão à espreita dentro de cada um de nós, junto com uma série de aliados menores, porém muito fortes. Essa guerra ninguém poderá vencer sem a tranqüilidade de uma confiança total em Deus, certos de que Ele sempre nos ajudará a reaprender a amar, a viver o amor sem deixar-nos desanimar por perdas e fracassos, caminhando com segurança pelo longo caminho. Talvez não se trate do Deus canônico, mas também não é um deus próprio, fabricado por nós mesmos, que se torna o nosso ídolo.

Por outro lado, parece algo antigo e fora de moda falar sobre Deus num mundo racional de conhecimentos científicos e da pesquisa espacial; tanto que isso foi interpretado por psicólogos criativos como "regressão", retrocesso às crenças da infância, algo que não fica bem para um espírito esclarecido. Essa armadilha da vaidade pode ser reconhecida porque muitas pessoas já caíram nela, tanto que parece que há muitos vaidosos no mundo; muitas pessoas que se enganaram quanto à irracionalidade da sua ciência racional, mas limitada, e também quanto a brevidade da vida humana. É preciso ter coragem para professar a fé num mundo que elogia a descrença como grande progresso e ridiculariza a fé como se esta fosse um conto de fadas infantil. O amor não é possível sem a fé e a esperança, e quem acreditaria que nós descobrimos e desenvolvemos essas três virtudes com a nossa força? Acaso poderíamos viver sem elas?

# *Posfácio*

Este livro surgiu enquanto vivi isolado do idioma alemão nos anos de 1972 a 1975, nos Estados Unidos. Viver isolado do idioma natal significa aqui um estado em que todas as atividades, conversas e comunicações da vida diária eram feitas em outra língua, a inglesa, enquanto a língua original permanecia sem uso. Quem já teve de viver usando somente outra língua e teve de depender de uma língua estrangeira para sua vida diária, sabe, por experiência pessoal, que a tradução do pensamento para as palavras não é fácil, porém exige que se adaptem as idéias, sentimentos e ações à linguagem do meio ambiente — inclusive os sonhos; a correspondência e os livros são então os únicos pontos de contato nos quais a língua de origem é revivida, não sem eventuais falhas gramaticais, dificuldades de formulação ou anglicismos.

O que eu gostaria de reconhecer é um processo de mudança que, no mundo dos pensamentos, e de modo aparentemente independente dos acontecimentos cotidianos que se desenrolam em outra língua, estimulou uma densificação e uma intensificação de experiências relacionadas entre si; sem a decisão de viver em outro país, provavelmente essas experiências não seriam tão intensas. Quem pesquisar o cérebro humano poderá explicar em que processos do sistema nervoso esses fatos se baseiam.

Minha experiência real consiste no fato de que, com o distanciamento diário da cultura em que cresci e em que passei a maior parte da minha vida, as imagens e inter-relacionamentos interiores ficaram de certa forma mais claros, porém também mais reprimidos, mesmo que deles eu participasse com interesse. Minha impressão é a de que só resta a escolha entre *um* mundo ou mundo nenhum. O que as idéias básicas do meu livro e, em última análise, de qualquer livro devem visar não é tanto o esforço para alcançar fama científica ou pública, mas o empenho de torná-las compreensíveis ao leitor num plano que não o distancie espiritualmente e não o leve a interpretá-las a partir de si mesmo, oferecendo-lhe, ao contrário, a possibilidade de se abrir para si mesmo. Como tudo o que é humano, também só conseguirei isso parcialmente. Contudo, resta a minha esperança de que este livro tenha encorajado o leitor a dialogar com o próximo, mantendo uma conversa que comece com a frase: "Vamos falar de amor..."

*Tobias Brocher*
*Topeka, março de 1975*

# ALEGRIA E TRIUNFO

Eis um livro que apresenta verdadeiras receitas contra a angústia, o medo, a incerteza, a falta de confiança própria e outros obstáculos que, somados, resultam no "atraso de vida".

Nele não encontrará o leitor nenhum ritual cabalístico ou fórmula misteriosa, de difícil enunciação, mas simplesmente os meios de despertar em seu íntimo as poderosas forças do Eu Superior ou seu Cristo Interno.

Com efeito, desde a leitura de suas primeiras páginas, sentimo-nos animados daquela *fé dinâmica*, que tantos prodígios tem realizado no mundo.

Fugindo ao processo adotado pela maioria dos tratadistas da matéria em questão, o autor procurou demonstrar como devemos aplicar a Fé em nossa vida prática, citando centenas de animadores exemplos, em que a alegria e o triunfo voltaram a brilhar na vida dos desesperados e necessitados.

"O vosso Eu Sou, ou Cristo Interno, é o vosso deus pessoal ou a partícula divina em vós, *a qual tem todas as qualidades de Deus e todos os poderes para realizar as vossas aspirações*, desde que não sejam prejudiciais às dos outros."

Baseados neste princípio citado pelo autor, repetindo as *afirmações especiais* oferecidas para casos de urgência, sentimos tamanha convicção da existência do *poder interno* que possuímos, que dificilmente voltaremos a ser dominados pelos nossos piores inimigos: a angústia, o ódio, o ressentimento, o temor das dívidas e outras torturas que, em geral, acabrunham a maior parte da Humanidade.

Como os pensamentos negativos abatem o nosso sistema nervoso, prejudicando a nossa saúde física e moral, notarão os que seguirem os conselhos e os contagiantes exemplos apontados no livro que, ao cabo de pouco tempo, estarão com boa disposição mental e saúde normal.

"*É vontade de Deus que prospereis e vivais na abundância de tudo o que é bom e desejável.*"

Ora, mantendo viva essa afirmação em nosso espírito, fortalecemos o nosso subconsciente e passamos a repelir a idéia de que viemos a este mundo para cumprirmos uma "provação" de miséria, fome, pobreza...

Deus nos vê como seres perfeitos, *criados à sua imagem e semelhança*, possuindo poder e domínio.

Essa é a perfeita idéia de nossa entidade, registrada na Mente Divina, à espera do nosso reconhecimento, pois só poderemos manifestar o que a nossa mente puder ver que somos e alcançarmos *aquilo que ela nos vê alcançando*.

Portanto, mediante a disciplina da imaginação e os esplendores da Fé Dinâmica, tão bem apresentada neste livro, terá o leitor a chave da sua alegria e seu triunfo!

Ilustrado com inúmeros exemplos de difíceis problemas, que encontraram rápida solução *através da força interna que possuímos*, o livro apresenta ao leitor muitos casos que lhe dizem respeito, como também aos seus familiares e amigos, apontando-lhes uma saída salvadora.

É o que a todos desejamos, para que doravante possam viver com alegria e triunfo!

**EDITORA PENSAMENTO**

# A JORNADA SAGRADA DO GUERREIRO PACÍFICO
*Dan Millman*

> *"Poucas pessoas vivem e expressam o espírito do guerreiro pacífico tão eloqüentemente quanto Dan Millman. Seu livro trata de histórias verdadeiras, de ensinamentos que prendem a nossa atenção, ao mesmo tempo em que falam de um sábio despertar da consciência."*
>
> Roger N. Walsh, Ph. D., Professor de Psiquiatria da Universidade da Califórnia

Esta é uma aventura sagrada da qual todos compartilhamos: a jornada em direção à Luz que brilha no centro de nossas vidas.

Depois de quatro anos de treinamento com o velho guerreiro a quem chama de Sócrates — e a despeito de tudo o que aprendeu — Dan Millman vê-se diante de fracassos pessoais e crescentes frustrações. Desiludido com a vida e sem se sentir capaz de conciliar conhecimento e ação, parte numa busca através do mundo para reencontrar seu objetivo e sua fonte de inspiração.

Uma lembrança inesperada o leva a procurar e a encontrar uma mulher xamã nas profundezas da floresta tropical do Havaí. Ela o conduz de volta à esperança e o leva a encarar seus medos, preparando-o para o que ainda haveria de acontecer.

Nesses mundos de sombra e de luz, Dan é submetido a testes interiores, a desafios mortais, recebe revelações impressionantes e conhece personagens inesquecíveis, à medida que segue o caminho pacífico e sábio do guerreiro interior.

\* \* \*

Do mesmo autor, a Editora Pensamento já publicou *O Caminho do Guerreiro Pacífico*.

**EDITORA PENSAMENTO**

# DESCOMPLICANDO A VIDA

## Histórias de Esperança e de Coragem, Inspiração e Sabedoria

### *Michael J. Roads*

Este livro contém uma seleção de histórias inspiradoras de calorosa simpatia, histórias engraçadas e profundamente comoventes, extraídas das aventuras e desventuras do casal Michael e Treenie Roads. Empenhados na busca de significado e de liberdade em suas vidas, eles descobrem, nas situações mais rotineiras do dia-a-dia, que muitas vezes as respostas são desconcertantemente simples.

"Para a maioria de nós — afirma Michael Roads na introdução — a vida é agitada, perpetuamente agitada. A correria diária, para nós que temos de enfrentar ônibus, trens e metrô, põe nossos nervos à prova, e o ritmo que temos de seguir, bem como os problemas que temos de suportar no trabalho exercem sobre nós uma pressão diária. Por outro lado, complicações da vida familiar consomem todo o tempo livre que conseguimos conquistar para nós. E ficamos tão ocupados, tão pressionados, tão intensamente emaranhados na pressa global que agita a vida que nos esquecemos do poder de tudo o que é simples. Este livro é um lembrete."

\* \* \*

Michael J. Roads nasceu no Reino Unido e emigrou para a Austrália com sua esposa, Treenie, em 1964. O casal dedicou-se à agricultura na Tasmânia, ilha situada ao sul do continente australiano. Depois de alguns anos de prática, Michael tornou-se um perito em agricultura orgânica e um consultor muito respeitado nesse ramo de atividade. Fundadores da Comunidade Homeland inspirada no modelo de Findhorn, da Escócia, Michael e Treenie moram hoje em Queensland, na Austrália.

EDITORA PENSAMENTO